LA ÚLTIMA MARIPOSA

DEL GUETO

Memoria a dos voces

Sonia Noboa Ribadeneira

LA ÚLTIMA MARIPOSA

DEL GUETO

Memoria a dos voces

Editorial: Mayra Publications

D. R. © 2017, SONIA NOBOA RIBADENEIRA

Copyright: ©2017 Sonia Noboa Ribadeneira

Portada: Irene Gavílanez/Santiago Lerrea

Ilustraciones: Saphi

Dépôt légal en Holanda

ISBN: 978-90-79680-64-1

Impreso y hecho en Estados Unidos

Printed and made in the United States

All rights reserved

Reservado todos los derechos. Queda terminantemente prohibido reproducir este libro, total o parcialmente, por cualquier medio, sin permiso expreso del autor y editor.

No part of this work may be reproduced in any form by print, photo print, microfilm or any other means without written permission of the publisher Mayra Publications and the author Sonia Noboa Ribadeneira.

Bestseller en Europa

 Edición inglesa

Edición holandesa

**A todos los niños caídos en la tragedia
inconcebible del Holocausto judío**

A los que no callaron. Gracias a ellos, el mundo
conoció la dimensión de estos siniestros sucesos.
Sus valientes testimonios sirvieron
de material para esta obra.

+ A la memoria de Renate Krauz de Seligman
Sobreviviente del gueto de Terezín, cercano a Praga,
Checoslovaquia; residente en Ecuador desde 1945.

+ A la memoria de Isabel Moscoso Dávila
Maestra, filósofa, investigadora y escritora,
doctorada en FILOSOFÍA Y LETRAS
en la Universidad de Cuenca, Ecuador.

Capítulo I

¿Cómo llamar a eso que llega un día en que el resto del mundo enmudece alrededor?

¡Qué día! ¡Frío y lluvioso! Si pudiera quedarme en casa para continuar escribiendo… Es todo lo que hago desde hace mucho tiempo.

¡Papeles… papeles por todo lado! En la habitación esparcidos. Unos, arrugados y lanzados por doquier; otros, en el tacho de basura, en los bolsillos de mis pantalones, de mis camisas y gabardinas.

Los papeles me atrapan. ¡No hay voluntad que se oponga a ellos! Están en todas partes: en la cama, sobre la silla, en la cocina, en mi mesita de noche. Junto a la tina, sobre la almohada, en el quicio de la ventana.

Poemas a medio escribir… y otros, corregidos, inconclusos, inacabados. Nunca estoy conforme con lo que escribo, siempre hay algo que me inquieta y agobia. Anotaciones aquí y allá. De esto y de aquello. Del paisaje del amanecer, de la montaña, de la luz que penetra por la rendija de la puerta, de la flor que brotó en el basurero del jardín. Y más acá, una pequeña historia que escribí para mi sobrina. Ella es feliz leyendo lo que escribo.

Me miro al espejo y veo mis profundas ojeras.

Ayer uno de los personajes de mi cuento me hizo llorar y sentir lo crueles, mezquinos e indiferentes que podemos ser los humanos. ¿Por qué los siento tan vivos? Una niña indígena, abandonada en el silencio y la soledad de un páramo. ¡No es posible! ¡Debo estar enloqueciendo!

¿Es tal vez la locura condición del placer literario? ¿Qué susurro demoníaco me habla al oído cuando un tema se posa en mi mente, cada vez que una nueva historia me amenaza?

***

¡Son las ocho… llegaré tarde al Diario, otra vez!

Estoy cansado. No logro entender la razón de este cansancio que me aqueja aún después de despertar de un profundo sueño. Creo que me agobia trabajar en lo que no me agrada. Quisiera ser un escritor y no un periodista. Pero, de no ser así, no podría solventar mis gastos cotidianos.

Muchos años transcurridos en el *Diario la verdad*, pero existe sólo una verdad en mi mente: no quiero morir sin escribir un libro… Mas, en la vida del hombre se abre un inmenso abismo entre aquello que sueña ser y lo que es en realidad.

Sin embargo, existe dentro de mí una pasión que me arrastra impetuosamente a las letras. Siempre he intentado encontrar una explicación lógica y me cuestiono:

¿Por qué escribo? ¿Es costumbre, vocación o inspiración?

¿Cómo llamar a eso que llega un día en que el resto del mundo enmudece alrededor? En que el piano y la guitarra pierden su voz para dar cabida a ese laberinto de imágenes que, al desfilar por la mente, se van organizando en forma mágica y sin mi intervención.

Es ahí que corro hacia el teclado y comienzo a escribir. Sólo escucho el tic-tac-tic-tac que marcha al mismo ritmo de mi alocado corazón, mientras percibo que un viento sopla empujándome a perseguir los fuegos fatuos de las ideas y las inciertas fuentes de la inspiración.

Entonces, se produce un profundo silencio entre el universo y yo. Viajo a ese otro lugar del alma, a ese otro lugar del ser que no es material ni físico. Y allí estás tú, en medio de un torbellino de sentimientos. Formando parte del espacio infinito e interminable de mi pensamiento. Por eso pienso que la inspiración eres tú… Estás siempre allí, entre los renglones de los libros que leo, mirando a través de mis ojos, escuchando, espiando en los rincones, transitando por los pasadizos secretos de mi alma, soñando, suspirando y llorando en mis angustias.

Eres esa presencia que los poetas llaman *motivo*. Una de aquellas luminosas presencias que acuden sin previo aviso, sin que medie una razón consciente en el momento menos esperado, estremeciendo mi alma con la música inexistente y mágica que te envuelve e impregna mi corazón de nostalgia.

Llegas hasta mí. Te acercas, me observas, pero no me dices nada. Sólo tomas mi mano y me obligas a escribir. Y mientras escribo, te veo a mi lado. Siento tu mirada posándose en cada palabra, en cada línea, en cada página. Y tu sonrisa me aprueba y me alienta, me guía, me dicta y crea aquellos renglones que misteriosamente van apareciendo ante mis asombrados ojos.

El mundo te llama inspiración, vocación, mandato, impulso, destino. Pero yo te he llamado *Estela*, porque eres un rayo de luz que, viajando desde dimensiones desconocidas, inunda todo mi ser interior.

Sin embargo, aquel día de diciembre, te pedí que te alejes y me olvides. Y en un arranque de angustia, fui al Diario a firmar un contrato de trabajo como relator de noticias.

Debo dejarte atrás por algún tiempo, *Estela*. Tengo que sobrevivir y tú no me lo permites. Me arrojas a un rincón a soñar. Me obligas a sacar de mí esos secretos sepultados que a nadie le importan. Y en ese espacio al que me arrastras, todo puede ocurrir. Puedo sentir tristeza, miedo, éxito o fracaso. Puedo amar o desear algo profundamente sin experimentar vergüenza, sin sentirme culpable ni tener que ocultarlo bajo otro nombre. Puedo recordar, olvidar, presentir, alucinar. Multiplicar o dividir el tiempo, penetrar en el misterio del pasado o la magia del futuro. Puedo ser yo, o no serlo.

El día en que sometí mi conciencia al torbellino de los pequeños deberes, el dinero, el hogar, las cuentas, la responsabilidad, sentí decepción de mí mismo.

Decepción, dolor, desconcierto se convirtieron paradójicamente en la fuente de creación que me obliga a trasladar al papel este cúmulo de incógnitas que surgen en mi interior. Y busco desesperado lanzarme al vacío de la imaginación para escribir, escribir, escribir… y por cualquier camino que tome para salir de este laberinto, regreso a ti y me hundo en ese inmenso mar, bajo cuyas olas en perpetuo movimiento está mi reino secreto.

Y vuelve la pregunta: ¿por qué escribo? Pienso, a veces, que no he logrado esa rápida satisfacción de mí mismo y del mundo en que me tocó vivir, que fácilmente encuentran los demás.

Sigo creyendo que, en realidad, la vida es más hermosa y buena de lo que a simple vista apreciamos. Siento que mi universo interior es más rico y quiero privilegiar esa sensación para encontrarme a mí mismo en un lugar imaginario y vivir otra vida a través de mis personajes.

Tal vez, aún trato de alcanzar a ese ser humano creado a imagen y semejanza de Dios, porque sigo creyendo en el hombre.

***

Un brusco sesgo del trolebús me arranca de mis meditaciones. Faltan apenas dos cuadras para llegar y llueve copiosamente. Debo guarecerme en un zaguán hasta que escampe.

–Es aquí, es aquí, –me digo, mientras diviso el elegante edificio en el que vive Renate Goeschberg.

En la mañana recibí una llamada telefónica del jefe de redacción del Diario: me ordenó realizar una entrevista a esta mujer. No entiendo por qué. ¿Qué importancia puede tener una ópera de niños para dejar a un lado responsabilidades prioritarias? Tampoco he logrado comprender la relación entre ella y el suceso. Pero esas fueron las órdenes y un pobre asalariado como yo no está en condiciones para objetar nada. Casi nunca recibimos la información anticipada. Realmente no hay tiempo para ello.

Son tantos reportajes y notas de prensa a personas de distinta índole, trabajos, razones, lugares y profesiones. Algunos temas han sido densos y triviales, otros interesantes. Pero la mayoría, alejados de mis propios intereses. Mil entrevistas llevo a cuestas. Ya soy un experto, pero mi sueño más acariciado fue ser un escritor.

Un nuevo remezón, pero esta vez del recuerdo, me devuelve a la infancia y las voces viajan hasta mi memoria para abrir nuevas incógnitas.

–Señora, su hijo será retirado de esta institución.

–¿Por qué?

–Ya no sabemos qué hacer con él. Es extremadamente tímido e incapaz de adaptarse a las actividades regulares. Es un niño introvertido y triste, vive soñando y con su mirada ausente.

–¿Qué dice? No lo creo…

–Responde al perfil más pobre del estudiante de nuestra escuela.

No se relaciona bien con el resto del alumnado, se muestra huidizo y desconfiado. Su singular personalidad desconcierta a profesores y compañeros.

—¡Qué extraño, señor Director! No es posible. Es nieto de un escritor connotado y yo soy una maestra, usted lo sabe, que ostenta un alto nivel académico.

—Lamento decirle que tenemos sospechas de estar ante un niño *subnormal*. No encontramos una fórmula idónea de controlar la situación, pues cualquier llamado de atención lo agobia hasta el llanto. No existe algo que lo entusiasme.

—¡No! ¡No! ¡Ustedes están en un error! Mi hijo es un niño inteligente y reflexivo, sólo es alguien especialmente sensible y por ese motivo debe recibir un trato diferente.

—Tal vez se deba a un problema, perdone usted, de maltrato infantil en el hogar. Una gran tristeza merodea por su alma…

—¡Es una grave equivocación! Mi hijo es considerado y amado en el seno familiar. Simplemente, ésa es su personalidad. Es diferente.

Toma mi mano y me arrastra por los corredores con la indignación de la mujer herida en su orgullo y en su amor maternal.

—Yo te amo, hijo mío, y lo demás no importa. ¡Vamos, vamos! ¡Ya encontraré algo para ti! —dice con tenacidad.

Sentados alrededor de la mesa, todos toman parte de la discusión que la circunstancia ha provocado. Mis hermanos mayores me miran entre angustiados e inquisidores, mientras mi padre comenta:

—¿Qué haremos con él? Hay que buscarle un oficio. No es bueno para nada, ni siquiera para el deporte.

—Es un muchacho de inteligencia superior y puede aprender cualquier cosa —responde mi madre.

—Podría ser escritor porque por allí lo he visto siempre con sus garabatos y borroneando las estrofas de lo que llama *poesías*. Aunque yo hubiera querido que fuera algo *decente*… algo que le permita ganarse la vida sin dificultades.

Mi madre permanece silenciosa y reflexiva, mientras mi abuela comenta:

—¡Que sea lo que él desee ser y… ¡bendito! Si es escritor como lo fue su abuelo, llegará a ser un hombre maravilloso como él.

—¡Bah! —responde despectivo mi padre. Ese es un cruel futuro para este niño. No he conocido poetas ni escritores ricos.

—¡Pero sí felices y plenos! —responde enfática mi abuela.

Toma mi mano y me guía hasta su habitación. Me abraza y me dice en un susurro:

—¡Sé lo que tú quieras ser, hijo mío! Lo que ames, lo que te haga feliz. Nadie es más feliz en este mundo que aquel que va tras de sus sueños.

Se acerca a su antiguo secreter mientras enjuga con su pañuelo mis silenciosas lágrimas y toma unos papeles en los que reconozco mi letra infantil.

—Mira, he guardado tus primeras poesías. Aquellas inspiradas en la niña judía a quien amabas. ¿Recuerdas? Aquí están tus cuentos, tus tímidas incursiones en el ámbito literario. No permitas que las imposiciones del mundo se crucen en tu destino.

Me invita a sentarme junto a ella en su poltrona y vamos recitando juntos:

> **"la niña del jardín de al lado**
> **tiene los ojos azules**
> **sus manos de porcelana**
> **y camina envuelta en tules"**

***

Cruzo la calzada e ingreso por el hermoso portón de caoba del recibidor del apartamento de Renate Goechberg. Es un edificio que ostenta el lujo de la cómoda vida de muchos judíos que, habiendo llegado como refugiados, lograron recobrar el poder económico, vigente en toda la historia de su pueblo, en cada uno de los países que los acogieron.

Con desgano pulso el timbre de la puerta B-2 del segundo piso del elegante edificio y dialogo con mi musa entre dientes:

-*Estela*, ¿qué cosa crees que el destino nos depare ahora?

*****

Capítulo II

> **¡América! Tu nombre es murmullo de selva, aliento de montaña, vaivén calmo de marea y libertad infinita de camino.**

Renate cumple hoy 70 años.

Sonríe con melancolía mientras va hilvanando los recuerdos de su vida. Las imágenes se agolpan en su memoria en secuencias alternadas de destellos y tinieblas.

Se asoma al ventanal de su habitación abierto a la majestuosa visión de la cadena de los Andes. Las luces del amanecer bañan de oro los perfiles afilados de las montañas, empujando la semipenumbra de la agonizante noche hacia el fondo del valle que abraza a la ciudad de Quito, cuna de misterios y leyendas, enclavada en el centro mismo del planeta a través de un acto mágico de sus primeros habitantes.

Este ha sido su paisaje por más de 50 años. Paisaje al que ahora pertenece su alma. A veces luminoso y festivo, otras, tan triste y lluvioso, que despierta los recuerdos de ese ayer sepultado en su mente.

Otto, duerme aún. Una respiración entrecortada advierte que sus delicados pulmones ya no alcanzan a tomar todo el oxígeno necesario. Sin embargo, su rostro se muestra sereno y sus labios esbozan una leve sonrisa de calma.

Es verdad. Son muchos años de compartir esa felicidad que sólo se encuentra en la compañía del amor auténtico. ¿Quién mejor que ella para reconocerlo? ¿Quién mejor que ella para valorarlo? El dolor es un sabio maestro.

Se inclina sobre la cama y pone un suave beso en su frente, mientras le dice en un murmullo:

—Gracias por esta otra vida de felicidad y paz.

Va hasta su mesa de noche y toma una cajita de madera, como lo hace cada mañana De ella extrae un sobre envejecido, con las fotografías que Patrick puso en sus manos como el testimonio vivo de aquella monstruosa tragedia. Vuelven a su memoria los sentimientos y las vivencias…

Patrick había escrito en cada una de ellas una leyenda: "Llega un tren de transporte", "Clasificación", "Hombres todavía utilizables", "Mujeres y niños no utilizables", "Ingreso a las cámaras", "Efectos". Otra que decía "Arbeit Macht Frei". (El trabajo te hará libre).

Sonríe, sin embargo, cuando encuentra las que ella ha ido atesorando en el correr de los años, junto a dibujos y poemas de quienes compartieron su niñez… su singular y extraña niñez que no se asemeja al común denominador.

—¿Por qué hasta los recuerdos tristes parecen hermosos a la distancia del tiempo? —se pregunta mientras suspira hondamente.

Sus ojos se nublan ante estas imágenes de inocentes pequeños sonrientes, de mujeres expectantes, de hombres ateridos y desconcertados. Todos ellos envueltos en harapos que los protegen del helado invierno, sobre ese uniforme de género de franjas negras.

La voz de Patrick viaja por los interminables caminos del recuerdo:

—Renate, estas fotografías serán mudos testigos de la historia. Debes conservarlas hasta cuando, un día, tu corazón te diga qué hacer con ellas.

Otto se incorpora en el lecho y ella se acerca, toma su mano y la besa, mientras él con una sonrisa le dice:

—¡Feliz cumpleaños!

Hoy será un día de fiesta. Llegarán a su casa con regalos, flores, abrazos y felicitaciones.

Tiene muchos amigos en este país americano, de personas generosas y hospitalarias, que le abrió las puertas dándole a su vida una segunda oportunidad, para cicatrizar sus heridas y enterrar sus dolorosos recuerdos.

Hoy tiene el amor de Otto, de sus hijos y el trabajo que le ha ayudado a recuperar la dignidad y el respeto por sí misma.

Sin embargo, le salen al encuentro los fantasmas del ayer, incapaces de dejarla ir. Siempre compartiendo cada segundo, cada alegría, cada tristeza… Allí estuvieron indolentes. Acosándola cuando alguien la miraba demasiado o le preguntaba con curiosidad e insistencia por su nombre, su origen, su fecha de nacimiento. Mas, aprendió a convivir con ellos y a verlos como parte de su ser. Esa parte que se llevará a otros siglos. Sabe que el nacimiento y la muerte son sólo paréntesis en el continuo eterno.

La música suena alegre y estridente junto al jolgorio, las risas y el chocar de las copas en el brindis.

Ella es feliz. ¡Sí que lo es! Había sobrevivido al horror, tal como se lo ordenó su padre y lo había sentenciado aquel maravilloso Vicktor que, el día de su muerte, le prometió que volvería… y aún lo está esperando. Lo veía en cada persona, en cada niño que conocía, pensando románticamente que volvería cubierto de otra envoltura cósmica, de otro ser. En una nueva vida. "Volveré para verte feliz"... Volveré.

En los últimos días, varios sueños recurrentes habían traído la imagen de Vicktor de regreso a su vida, cual si fuesen mensajes del más allá. Oleadas de ternura, agradecimiento y nostalgia suben del pecho hasta su garganta al recordar su heroica muerte.

Suena el timbre de la puerta. Imagina que es alguno de los invitados a la celebración, que ya comenzaban a llegar.

***

–¿Es usted Renate Goechberg? –pregunto mientras observo a mi interlocutora, una mujer madura de mirada tierna en sus ojos de azul intenso. Su cabello blanco pone un marco de distinción al rostro pálido apenas ajado por el paso del tiempo.

–Sí, soy yo… ¿en qué puedo servirle?

–Soy Juan Díaz, el periodista del *Diario la verdad*.

–Pase, por favor.

Al ingresar al salón, exclamo:

–¡Oh! Perdón, veo que hay una fiesta y temo molestarla ahora.

–No, de ninguna manera, siga adelante. Podremos conversar en mi estudio. Ahí tengo algo que deseo mostrarle.

–Gracias.

–¿Está próximo el estreno de la Ópera?

–Sí, en unas semanas. He venido a pedirle unas palabras para nuestro Diario sobre sus experiencias como sobreviviente de un campo nazi.

—Oh, sí... No me gusta mucho hablar de eso, pero lo haré —dice ella mientras toma aquel sobre amarillento que había reposado tantos años en su cajita de madera y me lo entrega con emotiva y notoria devoción.

—Puede usar estas fotografías si le son de ayuda.

—Está bien, gracias —digo mientras ella hunde su mirada en mis ojos, lo que me provoca un raro estremecimiento.

—¿Nos hemos conocido antes? —pregunta. Algo en usted me trae a la memoria el recuerdo de un amigo del pasado a quien le debo mi existencia presente y me infunde un sentimiento especial de confianza... Obviamente, de un lejano pasado de la época en que usted seguramente no había nacido aún. ¿O es simplemente que nos conocimos en algún otro lugar? Ya empiezo a confundir las cosas —dice con una sonrisa—. Es la edad...

—Gracias, pero no lo recuerdo. No creo haberla conocido antes, respondo, a pesar de que mi mente me advierte lo contrario y empiezo a experimentar sentimientos desconocidos e inquietantes.

—¡Qué extraña sensación! —insiste ella.

—Está bien, Renate, ahora podemos comenzar —respondo decidido a romper ese hálito misterioso que flota en el ambiente.

Tomo mi bloc de notas y echo a andar la pequeña grabadora.

Veo que sus ojos se nublan y con voz vacilante y trémula va narrando su historia...

***

¡No ha dejado de llover y estoy helado! Por algo dicen que en Quito llueve trece meses al año. Pero más hondo es el frío que atenaza mi conciencia. Siento que envejecí por dentro.

¿Cómo es posible? No conocía el alcance de esta tragedia. Soy de las generaciones posteriores a la guerra y de un país lejano en el espacio y la historia. Jamás intuí siquiera el trasfondo perverso de los sucesos.

He leído de manera muy superficial varios relatos y testimonios de sobrevivientes, pero es muy distinto conocerlo de la propia fuente. ¡Qué dolor y qué vergüenza ser parte del género humano ahora que lo veo desde su lado más oscuro! Saber que en ocasiones *algo* toma el mando dentro de nosotros bajo la influencia de una dinámica de grupo y nos obliga a cometer acciones perversas. Que los valores morales, democráticos y éticos no son suficientes para proteger a los individuos dentro de una sociedad...

¿Por qué tuve que escuchar todo esto? Existe una razón superior que hace que me persiga la historia judía desde que tengo apenas conciencia. Siempre acechándome, acosándome, siempre saliéndome al paso para interponerse en mi camino.

Mi primer libro fue *El diario de Ana Frank*. Yo era un niño de apenas 8 años, cuando mi hermana mayor lo dejó descuidado en una mesa y ese libro se me prendió en el alma. Fue un anzuelo que se enterró en lo profundo de mi mente. Pudo haber sido el Huckleberry Finn o Tom Sawyer que leen todos los niños. Mi primera novia fue la niña judía de la casa de enfrente que murió de leucemia y a la que nunca he podido olvidar.

Cruzo la calle saltando por los charcos que se han formado en el desnivel del pavimento. Siento mis pies empapados dentro de los zapatos. De tanto andar, las suelas han adelgazado y son apenas láminas permeables incapaces de evitar el ingreso del agua.

Comienzo a monologar. ¿Qué importancia tiene un poco de frío, de hambre, de dolor o miseria, ante todo lo que Renate me ha relatado? Me considero ahora un ser privilegiado porque soy mi propio dueño. Solamente por eso. ¡Porque soy mi propio dueño! ¡Porque soy libre!

Y ahora, ¿qué debo hacer? ¿Acaso una nota de prensa sería suficiente?

Antes de escribir, no sabemos nada de lo que escribiremos. Es igual que el lienzo en blanco del pintor: sólo imágenes de una ficción. Debo volver a verla. Debo escuchar sus relatos otra vez. Es necesario saberlo todo.

Subo corriendo las resbaladizas escaleras de mi apartamento. Abro la puerta de un solo golpe y, sin quitarme la ropa mojada, me siento ante la computadora mientras el agua resbala aún por mi nuca.

—*¡Estela! Estela!* ¡Ven a mí ahora, ven a mí ahora! Siéntate aquí y toma mi mano y mi pluma. Regálame ese soplo divino tan tuyo y único, capaz de hacer que las líneas de esta historia adquieran tintes de realidad, de dolor, de vida y de muerte!

Y comienzo a escribir:

Una brillante y luminosa mañana de Praga de 1930 resplandecía en las paredes del hospital, mientras las enfermeras iban y venían sigilosas, acarreando instrumental quirúrgico, vendas, gasas y remedios para los pacientes que apenas despertaban.

—*¡Señor Goechberg! ¡Señor Goechberg! ¡Acaba de nacer! Es una niña* —*dice mientras se la entrega al padre. Él la mira con angustia.*

—*¿Por qué ese gesto, señor Goechberg? Es una niña muy hermosa, robusta y sana.*

—*Una sensación dolorosa atenaza mi corazón, Yolande. No puedo entenderlo. Veo, en el fondo de sus pupilas azules, una historia especial agazapada.*

—*Seguramente es la emoción, señor Goechberg.*

—*Es posible. Ella será nuestra única hija, ¿lo sabía?*

—*Sí, escuché decir a la partera que fue un traumático parto. Lo lamento mucho.*

—*Mírela, Yolande, mueve sus pequeñas manos como si quisiera atrapar fantasmas que danzan en el aire y sus ojos parpadean con insistencia, cual si tuviera visiones asombrosas.*

—*Todos los niños hacen lo mismo; los veo a diario en el hospital* —*dice ella riendo.*

—*Se llamará Renate.*

—*¿Renate?*

—*Sí.*

—*¿Sabe usted el significado de ese nombre?*

—*Vuelta a nacer. Fue el nombre de mi madre… Es posible que ése sea su destino, ¿no cree? Siempre hay un motivo para todo y su nombre puede traer un mensaje implícito.*

—*¿No piensa que sería un extraño destino?*

—*El destino es siempre extraño para todos los hombres. Es algo que debemos ir escrutando en la profundidad del alma y el devenir del tiempo.*

Mientras besa su frente con devoción, le dice:

—*Hija mía, tu madre y yo hemos esperado tu nacimiento con ilusión y ansiedad.*

Sin embargo, siente su corazón atenazado por un puño fuerte y hostil. Intuye que el tiempo que le tocará vivir es impredecible, plagado de incógnitas y dolorosas circunstancias.

—Los días se van tornando cada vez más grises en los cielos judíos —exclama.

Josué, Sarah y Renate tenían ante sí una nueva vida. Desde hoy serían tres para enfrentarla. Una vida común, como comunes suelen parecer las vidas de todos los seres humanos, mas, cada una de ellas arrastra eso *que la hace especial y única. Dentro de cada historia ordinaria se desarrollan circunstancias extraordinarias, mágicas y milagrosas.*

Capítulo III

Y allí está la historia judía, rastreándome como un sabueso para salirme al encuentro.

Acodado en mi ventana, contemplo la ciudad resbalando paulatinamente desde las montañas. Visto desde las vías periféricas, Quito parece una ciudad fantástica creada por el delicado y prolijo trabajo de un orfebre: callejuelas delgadas y zigzagueantes que suben hasta las laderas del Pichincha y bajan hacia la planicie de la metrópoli, para luego retomar cuesta arriba al lado opuesto del enorme macizo montañoso formado por la cordillera.

Disfruto de sus tardes melancólicas que envuelven al paisaje en una densa neblina y una pertinaz llovizna gris y fría que, con su monótono murmullo, despierta el alma a dulces recuerdos. El paisaje nostálgico me conmociona y voy tejiendo reflexiones.

Es extraño, pero siento que, en cierta medida, la cultura judía me ha sido siempre familiar. ¿Es tal vez aquel cúmulo de recuerdos de toda la raza humana que la gente llama inconsciente colectivo? ¿O es ese lugar inolvidable que llamamos infancia? ¿O el laberinto trazado entre las fronteras indecisas de las verdades y las ficciones de la mente? ¿Quizás los insondables misterios que envuelven a este pueblo perseguido desde épocas bíblicas?

Regreso a la computadora, y cuando estoy frente a la desafiante pantalla, exclamo angustiado:

—¡Maldita sea!

Otra vez estoy hundido en esa terrible sensación de temor. Temor de no lograr lo que espero.

—Pero, ¿qué importa? —reflexiono luego—. Mi alma presa encuentra un escape y se evade del mundo para crear otro más allá de mí. Más allá de la realidad.

Y ¿para qué? ¿Para qué inventar otro universo? Con el que existe basta y sobra. ¡Si con él no hemos podido los humanos! Pero allí está mi mente ordenando. Allí está como caja de resonancia de todas las visiones y recuerdos.

Me levanto al inodoro y, con el brazo en la frente, me arrimo a la pared extenuado. ¡No me he detenido ni un minuto, ni siquiera para responder a mis necesidades vitales! Esto me atrapa. Debo terminar varias notas de prensa para el Diario y, sin embargo, me estoy desviando hacia otros caminos.

Y sigo reflexionando en lo absurdo de mi vida...

Siempre mi mente tomó un rumbo extraño, adiestrándose para recorrer los senderos de lo místico y espiritual. Actuando como conducto para la información de entes sobrenaturales. Revelándome secretos de la vida y la muerte. Así se forja mi doble realidad, en ese choque entre lo verdadero y lo imaginario.

Miro alrededor y veo el más horrendo desorden. Cosas por allí y por allá esparcidas. Ropa en el suelo, una taza de café a medio terminar, un cigarrillo apretado contra el plato. Las pastillas antidepresivas. Las persianas semi abiertas. Debo darme tiempo para organizar mi habitación, pero no lo encuentro.

El tiempo es pequeño, avaro, huidizo. Se me escurre como el agua entre las manos. Y corro otra vez hacia la computadora.

Dos sentimientos antagónicos dominan mi mente. No sé si darle prioridad a mi trabajo o a mi deseo incontrolable de arrojarme a ese abismo sin fin de la imaginación. Los sentimientos y las sensaciones que emergen desde el fondo de mi ser por recónditos senderos, se desbordan como ríos impetuosos por los caminos abiertos de mis venas hasta golpear mis sentidos y mi corazón. Me arrastran hasta el laberinto de las letras que se arremolinan como un tornado, mientras van tomando forma de personajes, paisajes, historias, sueños e ilusiones…

—¡No puedo dejar escapar esta idea! Allí están las imágenes desfilando ante los ojos de mi imaginación:

Es el invierno de 1937.

Renate juega en un rincón de la habitación, mientras Josué escribe. Alza la mirada para sonreír a su padre. Él se acerca, la toma de la mano y la lleva hasta el sofá que, situado junto a la ventana, ofrece una panorámica del paisaje nevado.

-Renate hija mía, ven, siéntate a mi lado. Debemos conversar sobre temas importantes que tendrás que conocer a fondo y recordar.

Sarah observa a Josué dialogando con su hija y sonríe. Ella cree que aún es muy pequeña para que su padre mantenga conversaciones tan profundas, pero él siempre le advierte: "La mente guarda cosas que, a veces, están mucho más allá de nuestra comprensión y no entendemos por qué secreta vía y en qué tiempo o dimensión llegan a la conciencia"

Enciende la radio para escuchar las noticias.

—Presta mucha atención. Recuerda todo lo que vivieron tus padres, pues es posible que nosotros no estemos aquí para contarlo.

Él era un hombre sabio y, seguramente, poderosos motivos lo impulsan a instruir a su hija para enfrentar lo que llamaba "el obscuro futuro del pueblo judío". Era un literato, filósofo y luchador de la causa judía. Esto le había valido encontrar en su camino encarnizados enemigos que deseaban acallar su voz y hacer abortar sus ideas.

Alto y delgado, con penetrantes ojos obscuros de mirada tierna y melancólica. Dos arrugas profundas entre sus cejas le daban un carácter reflexivo y adusto a su rostro. Siempre nítido e impecable en su forma de vestir, de hablar y de actuar.

Sarah lo amaba, lo admiraba y respetaba. Sentía que a su lado había alcanzado la felicidad total y plena. Pero él se mostraba triste y huraño, como si presintiera los obscuros nubarrones que irremediablemente llegarían a su cielo para nublar sus tranquilas existencias.

Cada noche, cuando Renate dormía, él se encerraba en su estudio durante largas horas, para escribir la información del acontecer político, social y cultural que se vivía en el entorno. Era editorialista de un importante diario de Praga que circulaba también en Alemania y otros países que comenzaban a caer bajo el influjo del nazismo.

Iluminada por la tenue luz de una lamparilla, su figura se amplificaba en la pared del fondo de su estudio. La habitación lucía varias estanterías en las que descansaba una genial biblioteca que había sido alimentada desde su infancia de dedicación a la lectura.

Su pequeña máquina de escribir de última tecnología hacía sonar en forma estruendosa el teclado, mientras sacudía, en un trémulo temblor, la mesa de trabajo de madera de rosa, heredada de algún antepasado.

"El panorama político, social y económico de Alemania y algunos países europeos muestra una nueva faz en la que se vislumbra el poder destructivo del caos", Reza el primer párrafo de su artículo.

"Alemania, habiendo logrado sobrevivir a la Primera Guerra Mundial, tras la humillación del tratado de paz de Versalles, intenta cerrar las heridas abiertas en su economía y en su orgullo."

Josué repasa paralelamente la información que, a través de los primeros brotes de prensa clandestina, ha comenzado a llegar a sus manos:

"El temor del pueblo alemán crece desmedidamente al comprender que los judíos ejercen una influencia, a veces excesiva, en el comercio, la industria, la literatura y hasta el periodismo. Los judíos alemanes, que están hondamente vinculados con la cultura alemana y constituyen parte vital de la misma, no están siendo considerados ciudadanos alemanes por el régimen nazi".

"Ésta es una señal de alerta" reflexiona Josué. Los judíos alemanes deben conocer la situación, a pesar de que muchos hacen esfuerzos desesperados por no creer que es verdad lo que está sucediendo.

Sarah se acerca y pone un beso en su frente.

—Es muy tarde ya, ¿por qué no descansas un momento?

Josué sonríe. Cuando lo hace, una luz especial ilumina su rostro. El ama la vida, aunque ya no cree en ese débil y maleable ser humano capaz de dejarse envenenar por el fanatismo y el odio.

Con sus manos entrelazadas van dialogando por el pasillo hasta su habitación,

—Sarah, veo que la situación se torna angustiosa para nuestro pueblo.

Le explica que el discurso político de Hitler trae un doble mensaje. Su meta final es un dominio total de Europa, para convertirla en el gran imperio germano que sueñan los nazis y, enredado en ese concepto, exportar dentro de la ideología nacionalsocialista el antisemitismo. Está logrando regar el veneno del odio por toda Europa.

—¿Crees que la gente lo acepte?

—Cuando las masas se sienten lisonjeadas por un líder forjado en los escenarios políticos, dejan de usar su razón y discernimiento.

Él sabe que el manejo escénico es una de las más eficaces herramientas de sometimiento mental y que ese sistema discursivo tan elocuente, sumado a frases con cierto sentido lírico o poético, suelen estimular a los hombres, en momentos críticos de su vida, con más poder de convicción que el discernimiento natural.

—La historia nos demuestra que las razones retóricas han llevado tantas veces a los hombres a convertir en digno y noble, el asesinato, la tortura y la muerte de seres inocentes.

Sarah murmura entre dientes:

—No es posible que la gente consienta algo de esa dimensión.

—La más extraña particularidad de todos los hechos trágicos de la historia es que ninguno pudo haberse dado sin el abrumador consentimiento y aceptación de la sociedad.

Ella baja sus ojos azules para ocultar su temor. No quiere sumar una carga de pesar al corazón de Josué. Su delgada figura se adelanta hasta la habitación de Renate.

El acompasado ritmo de la respiración de la niña habla de esa serena entrega del sueño de la infancia feliz.

Al mirar a su inocente hija en la cuna, Josué se cuestiona a sí mismo sobre el alcance de la enfermedad mental que comienza a envolver a la nación germana.

****

Capítulo IV

¿De qué manera una mente desquiciada puede someter a los hombres?

Me recuesto en el sillón y con la mirada en el infinito, comienzo a divagar:

¿Qué explicación humana se puede encontrar a estos acontecimientos? ¿La sugerencia es que la perversidad del ser humano puede emerger si se crean las condiciones básicas indispensables? Respaldados por la ciencia y la tecnología, de la mano del pensamiento de intelectuales, científicos y filósofos, promovidos por un gobierno elegido democráticamente en una nación considerada en aquel momento como una de las altamente educadas del mundo, el antisemitismo y el Holocausto habían logrado legitimidad ante los ojos del mundo.

Varias hipótesis se han planteado alrededor de los siniestros sucesos, cuyas características sin embargo, no admiten discusión: fueron actos perpetrados por seres humanos, contra una sociedad humana basada en normas y preceptos éticos que garantizaban la libertad y los derechos a la vida y al pensamiento.

Me arropo en mi sofá, porque el frío cala los huesos. ¡Qué cruel invierno! Luego me acerco a la ventana para mirar caer la pertinaz llovizna gris.

Yo vivo encerrado. Encerrado y solo, enfrentándome día a día con mi propia verdad. Vivo rodeado de tantos fantasmas, que no hay espacio en mi vida para nadie más. He aprendido a crear un lugar en el que solo yo habito con mis imágenes y mis pensamientos. Porque cuando se está solo se descubren cosas. Allí donde nadie ve nada, yo veo una niña, un mendigo, un hada, una mariposa, una luz… y comienzo a darles forma con las palabras. Y las voy perfilando hasta que las tengo ante mí impartiéndome órdenes, acariciándome, odiándome o amándome. Haciéndome reír o llorar.

Andrea, mi pobre novia Andrea, no tiene sentido de existir en mi mundo. A pesar de ello, de algún modo está allí, en ese otro espacio, esperándome...

Ahora tengo en mi mente a Renate increpándome:

—¿Por qué huyes? ¡Vuelve a la computadora y escribe!

Las visiones de esas plazas atestadas de soldados y personas repitiendo el saludo hitleriano llenan los ojos de mi imaginación. Y las siento vivas y reales ante mí. Retumbando en mis oídos, como si su eco viajara hasta mi mente por los pasadizos secretos de la memoria universal.

Siento ese mensaje de odio y terror. Ese singular manejo escénico, como la mayor de las farsas que el ser humano ha montado en la historia. Y me pregunto: ¿De qué manera una mente desquiciada puede someter a los hombres? Ningún asesinato a seres humanos alcanzó ese nivel de intención ni una motivación tan profunda, llevada a efecto con la frialdad y metodología, como la del Holocausto judío.

Estoy temblando. Tengo las manos húmedas y un terrible dolor en el vientre. Siento miedo. ¿Seré capaz de escribirlo? Esas imágenes y esos fantasmas se deslizan veloces en mi mente y temo no poder atraparlos con las palabras, antes de que se esfumen.

Pero de pronto, surgen dos ideas errantes y luminosas que chocan entre sí para hacer estallar esta historia:

Una plácida mañana de otoño de 1938, Josué toma de la mano a Renate y la invita:

—Vamos, hija, salgamos a caminar un momento.

Es posible que así logre conocer la verdad, pues la radio transmite solamente aquello que a los intereses del Estado resulta conveniente.

—Puedes ver allá en la plaza?

Flamea en el fondo una gigantesca bandera-estandarte con una cruz gamada, un antiguo símbolo religioso que se usó en Persia, India y Grecia, como protección contra los malos espíritus, para atraer la buena suerte.

Toma un lápiz y perfila ese símbolo, elegido por Hitler, que resulta muy fácil de copiar y dibujar, pero al mismo tiempo luce amenazador, fuerte, misterioso, sugestivo e inconfundible. Está escrito con tiza o carbón, en todas las paredes, las puertas y las fachadas de las casas.

Escucha a una gran multitud repitiendo el saludo "¡Heil Hitler!", que no es sino un símbolo acústico del saludo antisemita oficial alemán ¡Heil!

"Éstos son los secretos de ese arte escenográfico que hace de Hitler el mejor de los artistas llegando a ser más importante su manejo escénico que el mismo discurso", reflexiona.

—¡Hola Ivo! Ésta es mi hija Renate.

—¡Hola, Renate!

—Renate, hija mía, este señor es un antiguo amigo de la Universidad. ¿Qué noticias me traes?

—Acaban de dictar una nueva medida contra los judíos.

—¡Otra!

—Han limitado su ingreso a escuelas y universidades.

—Eso ya es una humillación si pensamos cuántos profesores judíos han instruido al pueblo ario.

—*También han expulsado de las entidades estatales a los profesionales judíos, médicos y abogados.*

—*Lo leí en la prensa hace algunos días.*

—*Desde hoy se interrumpe la asistencia social a las jóvenes parejas si uno de sus integrantes es judío. Están confiscando en los bancos el dinero judío y cerrando sus negocios.*

—*Pronto no tendremos con qué alimentarnos.*

—*Esto es un plan para despojarnos de nuestras propiedades en beneficio del empobrecido Estado.*

-*Creo que es un artificio simple e ingenioso para transferir las riquezas al Reich sin que la gente se entere y sin complicaciones burocráticas.*

—*Tal parece que el motor de esta maquinaria de abuso, es el interés material.*

—*¡Lo de ayer fue algo inenarrable!*

Le comenta que, en la madrugada, se desató en Berlín un "progrom". Grandes masas de personas, la mayoría judíos, corriendo por todas partes. Los civiles y militares habían quemado y saqueado algunas casas y negocios judíos y destruido varias sinagogas.

—*Sí, lo sé, lo sé. Los textos sagrados y los rollos de la Torah fueron incinerados, como en la época de la Inquisición. Pienso que ya es demasiado.*

—*¿Demasiado? Nada es demasiado, mi querido amigo, cuando el odio invade el corazón de la gente. Henrih Heine dice y con justa razón: "Quienes comienzan quemando libros, terminarán quemando hombres"*

—*La gente comenta que están enviando a los judíos presos a los guetos de Praga y Varsovia.*

—*Dicen que son campos de exterminio.*

—Los escritores, periodistas, académicos o artistas que expresan una opinión diferente a la nazi son considerados enemigos del régimen y obligados a huir.

—Esto parece un plan macabro...

—Es un plan metódico que obedece al odio y la xenofobia.

—No lo creo, deben ser rumores. Algo así tocaría los límites de la racionalidad.

—¿Qué debemos hacer?

—¡Resistir!

—Cualquier acción que tomemos en nuestra defensa podría ser considerada subversiva.

—Seguramente... En este mundo lleno de odios, es posible que el respeto a los demás sea tomado como un acto subversivo.

—Aun a pesar de ello, debemos prepararnos para enfrentar lo que venga. Se lo debemos a nuestro pueblo.

—Adiós, Ivo, lleva mis saludos a tu familia.

—Vamos, hija, regresemos a casa. Todavía podemos refugiarnos en ella.

Josué sabe que la situación es desesperada y teme por su familia.

Caminan calle abajo tomados de las manos. Él continúa con su casi monólogo, mientras la niña lo mira con atención, tratando de entender lo que murmura:

—Guarda esto en tu memoria, Renate, recuerda todo lo que tu padre te dice. Sé que tú vivirás para contarlo. Tu madre aún confía en los seres humanos, pero yo conozco la mente y el corazón del hombre, capaz de dejarse seducir por el fanatismo.

Mientras camina, va reflexionando:

—La gente se convierte en una masa maleable a los deseos de los agitadores políticos y pierde su capacidad de voluntad y decisión individual ante la presencia del

"superhombre" forjado en los escenarios políticos. Los alemanes caerán en su influjo. Durante varias generaciones han sido educados en la discriminación y el odio a los judíos y en la creencia de la superioridad de la raza aria.

Pulsando el timbre de la puerta de su casa, termina sus reflexiones sentenciando:

—Veo que mientras el odio crece en el corazón de los alemanes, el terror se apodera de los corazones judíos... Vamos hija a rezar un kadish por ellos y por nosotros.

***

Capítulo V

La primera paradoja de la historia del Holocausto se abre ante mí cuando descubro que no todos los alemanes se sumaron voluntariamente al genocidio.

Golpeo ferozmente con mi puño la mesa, derribando todo al piso y grito indignado:

—¿Cuánto sabía el pueblo alemán y los países sometidos por Hitler de lo que estaba sucediendo? ¡Malditos! ¡Creo que sabían lo suficiente como para no querer saberlo! ¿O, tal vez, en realidad no lo sabían? ¿Bajo qué parámetros se podría juzgar a quienes participaron en esta barbarie fingiendo ser inocentes, defendiéndose tras una falsa ignorancia de los hechos? ¿Cómo responsabilizar a alguien de eso que no ha hecho y de aquello que desconoce?

Recuerdo las palabras de Hitler en uno de esos libros que escribió y eran materia de lectura en mi época de estudiante: "De aquí, que yo me crea en el deber de obrar en el sentido del Todopoderoso Creador. ¡Al combatir a los judíos, cumplo con la tarea del Señor!"

Camino en círculos en mi habitación, mientras me revuelvo los cabellos con angustia y reflexiono:

—Nadie podría negar su calidad de espectadores como una forma especial de participación. No había un solo alemán que creyese que los campos de exterminio fueran sanatorios o barrios de residencia. Todos eran testigos permanentes de la barbarie antisemita.

¿Cuántos de ellos participaron en los saqueos a los negocios judíos, la quema de las sinagogas, la agresión?

Corro hasta mi mesa de noche, en la que reposan las fotos que me dio Renate y que, obsesivamente, he mirado una y otra vez. Aquella que decía "Arbeit Macht Frei", mostrando el ingreso al campo de extermino.

"El trabajo te hará libre" rezaba esa frase inscrita en la cornisa de la macabra estructura construida por gente que puso su conocimiento, su trabajo e ingenio para estudiar, planificar y dar forma a esta fábrica monstruosa de la muerte.

–No creo… no creo en su inocencia.

Y voy hasta mi pequeña grabadora para escuchar la voz de Renate recordando a aquellos alemanes heroicos y nobles que, poniendo en riesgo sus vidas, permitieron que tantos judíos sobrevivieran. Allí estaban, hablándome de su sacrificio. Allí estaban esos alemanes que, luego de finalizada la guerra, fueron nombrados por los mismos judíos "justos entre las naciones" por sus actos heroicos a favor de los judíos.

No todos miraban los acontecimientos sin inmutarse, aunque impedidos de expresar sus íntimos sentimientos, por el temor de enfrentar el hecho públicamente conocido de que el régimen no admitía ni toleraba crítica alguna sobre su proceder. Y en esta lucha murieron también tantos alemanes defensores de la justicia….

Y me cuestiono: ¿Yo hubiese sido capaz de enfrentar la ira nazi en tales circunstancias?

Sin embargo, es bajo estas disímiles máscaras de hipócrita encubrimiento, que se desarrolló el crimen más vergonzoso de la historia humana! Me repito una y otra vez mientras sigo relatando los funestos acontecimientos:

Un recinto clandestino, capaz de alojar a una gran cantidad de personas, luce atestado de judíos que han acudido al llamado. Se escucha la voz emotiva de uno de los miembros de la agrupación:

—*Señores, estamos reunidos para impedir que nuestro pueblo sea víctima de la infamia. Hitler está utilizando al pueblo judío como el enemigo más apropiado para ser culpado de todos los males que sufre la sociedad alemana.*

Se abre un acalorado debate sobre las verdaderas razones que habían desencadenado los acontecimientos..

Desde la quiebra de los bancos en 1931, los pequeños y grandes capitalistas, industriales y comerciantes estaban en la ruina y, en breve, sucedería lo mismo con las empresas subsidiadas por el Estado.

—*Existen casi siete millones de desocupados en Alemania.*

Esto significaba la destrucción del aparato económico y un destino de miseria para el pueblo alemán, con una población enorme que había caído de su clase media a proletaria, convirtiéndose en el grupo sin clase que lo perdió todo.

—*Son jóvenes que aún no han empezado a trabajar.*

Estos jóvenes sin porvenir constituían elementos turbulentos, manejados por los intelectuales y los políticos del régimen nazi. Tierra fértil para los propósitos de abuso y muerte contra el pueblo judío.

Se escucha un rumor que crece a medida que el debate avanza. Varios asistentes discuten sobre las acciones que se deben tomar al respecto.

—*Debemos lograr nuestra propia fuente de información.*

—*¿De qué manera? Estamos impedidos de editar y redactar en periódicos alemanes y de los países que han caído bajo el dominio nazi.*

—*Circulará una prensa de hojas clandestinas.*

Josué asume esta responsabilidad como un compromiso ante la historia de su pueblo. Un duro compromiso, pues es bien sabido que en un Estado autoritario hay una sola verdad: la que se proclama desde el mismo Estado, que considera lícito alterarla, reescribirla retrospectivamente y distorsionarla hasta llegar a sustituir la información por la propaganda.

Se amontonan los argumentos y se desmenuzan las incidencias entre los asistentes.

—Los nazis están condenando a los judíos a un destino común, independientemente de la geografía y cultura de la que provengan. Somos perseguidos en todas las naciones sometidas por el nazismo.

—Le han cerrado el círculo a nuestro pueblo.

—Están organizando guetos destinados a recluir allí a los judíos.

—Son ciudades dentro de otras, amuralladas y cerradas al ingreso de cualquier otra persona.

—¿Tal vez su propósito es permitirnos finalmente vivir en paz?

—No, de ninguna manera. Los objetivos inmediatos son muy claros: despojarnos de todo en beneficio del empobrecido Estado.

—Sólo quieren hacinarnos en lugares que nos mantengan a su entera disposición y mandato para imponernos trabajos en condiciones de esclavitud.

—Nos están condenando a morir de hambre y frío para minar nuestro poder de resistencia.

Josué se dirige a la concurrencia con su voz vibrante y conciliadora:

—En tales circunstancias es nuestro deber resistir, sembrando en la mente de nuestro pueblo este compromiso. Aprenderemos a enfrentar a la ignominia sin recurrir a la violencia. La lucha será dura, pues Hitler está logrando que el mundo entero acepte y colabore con este hecho cruel, maquiavélico y organizado. Ahora cuenta con el apoyo irrestricto de los países aliados y sometidos, además de la Iglesia Católica y sus

practicantes.

Con tintes de emoción, las voces de los asistentes recitan al unísono la proclama:

—*Nuestro pueblo resistirá al ataque. Sobreviviremos de alguna manera. ¡Sobreviviremos!*

***

Tomada de la mano de su padre, Renate camina cruzando la avenida que conduce al orfanato, mientras observa con curiosidad a su alrededor. Corre hasta un columpio instalado en el ingreso y se encarama en él con una gran sonrisa. Su padre se acerca, acaricia sus bucles dorados y prosigue en su monólogo:

—*A veces, hija mía, las situaciones difíciles debemos enfrentarlas con valentía y decisión para seguir adelante.*

Piensa que la vida es un camino de largo recorrido y que depende de cada uno hacerlo posible. Aunque ese camino en ocasiones esté lleno de escollos o sea preciso andar en círculos. "El deber es seguir adelante… ¡Siempre adelante!", se repite en silencio.

—*Señor Goechberg, qué gusto verlo por aquí. ¿A qué se debe su honorable visita? ¿Esta bella niña es su hija?*

—*Vengo a solicitarle que la acepte dentro de la escuela del orfanato. Usted conoce que no permiten el ingreso de niñas judías a ninguna escuela pública o privada. ¿Tal vez aquí por ser un orfanato tendría una oportunidad?*

—*Estamos sometidas a rigurosos controles por parte del régimen. Es bastante arriesgado contrariar las órdenes, pero a usted, que ha colaborado con nuestra causa generosamente, no podría negárselo.*

—*¡Gracias, hermana! ¡Muchas gracias!*

—*Vamos, Renate, a informarle de este feliz suceso a tu madre. Ella estará deseosa de saberlo.*

—Renate ingresará a la escuela del orfanato…

—¿Del orfanato?

—Sabes que el dinero judío ya no tiene valor. Es nuestra única opción.

Ellos comprenden que cada vuelta del camino tendrá una nueva encrucijada que deberán aceptar y vivir con ella. Su único y último deber era lograr que su hija sobreviviera. Ella necesitaba aprender a hacerlo ante cualquier circunstancia…

*****

Capítulo VI

Cuando el mundo se convierte en una selva, no hay más que seguir sus leyes: ¡matar o morir! Esa fue la Europa de inicios del siglo XX.

Son las siete de la noche y sigo adherido al teclado de la computadora. No sé qué sucede en el mundo exterior. Estoy hundido en un remolino de palabras, imágenes y sensaciones que me arrastra sin piedad a pensar sobre los sucesos dolorosos del Holocausto judío.

El timbre del teléfono me saca de mis meditaciones

–Hola Juan, soy Andrea… pensé que era posible que aún me recordaras –dice en tono de reproche.

–Por supuesto que te recuerdo. Lo que sucede es que he estado muy atareado con el trabajo del Diario y otras obligaciones –me disculpo en tono no muy convincente.

–¿Obligaciones? ¿Tal vez entre ellas estará Renate, esa nueva *amiga* que ahora ocupa tu tiempo, tus pensamientos y todos tus afanes?

–¿Sabes que edad tiene? –respondo riendo de buena gana.

–No lo sé, ni quiero saberlo –dice con indignación y vehemencia.

–¿Estás celosa? No puedo creerlo –digo riendo nuevamente, mientras al otro lado del hilo telefónico escucho solamente el sordo golpe de la comunicación cortada.

"¡Vaya, vaya! Esta mujer está loca" –me digo mientras reflexiono en lo absurdo de nuestra relación mantenida por espacio de varios años, sin que haya logrado llenar mi vacío o el suyo. No sé cómo superar el síndrome de culpa que me provoca la certeza de que jamás podré amarla realmente, a pesar de que ella está siempre atenta, sumisamente dispuesta a aceptar mis condiciones, mis silencios, mis deseos, mis ausencias inexplicables. No existe en verdad espacio para ella en mi vida. ¿Es esta una extravagancia existencial? Mi tiempo se debate entre el entorno y el interno. La realidad y la ficción, la cordura y la irracional imaginación. ¿Quién sino yo podría habitar en este mundo?

Sin embargo, sentimientos antagónicos llevan mis pasos irremediablemente hasta su casa y vuelvo a enzarzarme en esta rutinaria costumbre de hundir mi cabeza en su almohada perfumada, para perderme en el vacío interminable de la soledad del hombre en compañía. Pero, paradójicamente, en ocasiones he llegado a extrañarla hasta límites inimaginables.

—Adiós, me despide con un beso y una sonrisa, sin atreverse a preguntar cuándo volveremos a vernos.

Tomo mi gabardina y salgo a caminar por esas calles entristecidas por la lluvia, la noche y la soledad, de regreso a casa. Busco un lugar en el cual tomar mi única comida del día, tal vez una cerveza o algún refresco.

En el pequeño restaurante de la esquina, encuentro a un singular anciano que despierta curiosidad entre los clientes. Ahora recuerdo que es un *alemán* que ostenta sus medallas y galardones de glorias pasadas.

¿Qué glorias serán? Doy un respingo y me digo:

—¡Puede ser un nazi!

Si no lo fuera, habría sido deportado a un campo de concentración norteamericano al finalizar la guerra, como tantos alemanes residentes en éste y otros países de América Latina.

¡Esa increíble historia la conozco con detalle!

Irónicamente, sólo los nazis pudieron seguir transitando libremente por el mundo, tomando la que se bautizó como "la ruta de las ratas" o vías de escape nazi a sus varios destinos. Ellos siguieron sembrando su teoría de exterminio, abuso y persecución, protegidos por los gobiernos corruptos de América y con la ayuda de la Iglesia Católica e instaurando nuevas formas de opresión y sometimiento bajo disímiles disfraces. A estos países también se transfirieron bienes y capitales nazis que dieron origen a grandes empresas que hasta el día de hoy perviven.

Lo extraño de la situación es que esos mismos países entreabrieron sus puertas a los judíos, formando el caldo de cultivo idóneo para el aparecimiento de brotes neonazis. De modo que la historia sólo cambió de escenarios.

El *alemán* es un hombre extraño y huidizo; sin embargo, en varias oportunidades, hemos compartido una cerveza y alguna que otra conversación trivial. Siempre lo he considerado un personaje extraño, pero interesante. Ahora siento la necesidad de acercarme a él.

—¡Hola! Aquí como siempre. —digo para entablar un diálogo

—Como siempre —dice con su mal manejo del idioma y una sonrisa abierta.

—¿Qué anda haciendo usted? ¿Cómo va el Diario?

—Bien, bien —respondo mientras me ubico en una silla de la mesa que él ocupa—.

—¿Puedo?

—¡Claro! Tome asiento y acompáñeme con esta cerveza.

Lo miro expectante sin saber cómo preguntarle si es un nazi.

—Hoy ha olvidado colgar sus medallas, digo riendo.

—Oh sí, hay días en que no lo hago.

—¿Por qué?… Son los galardones de las batallas ganadas, pero nunca me ha comentado cuáles son.

—Son muchas, muy duras y muy crueles. Son los deberes ineludibles impuestos por el amor a la patria y la defensa de nuestra raza aria y nuestros ideales. ¡Por ese llamado irresistible de lealtad a la tierra que nos vio nacer y crecer! —exclama con euforia y orgullo.

Recuerdo con horror haber leído que en el Juicio de Núremberg, muchos líderes nazis prefirieron morir antes que confesarse culpables, aduciendo que sólo cumplían órdenes. Mas el trasfondo infame era que en realidad no se sentían culpables de los hechos, sino héroes en defensa de la Nación Germana. Y respondo:

—¿Aunque estos deberes vayan más allá de las restricciones morales, sociales, religiosas o políticas?

Con el cigarro humeándole bajo el bigote, me mira en silencio y de soslayo a través de la bocanada de humo. Con una sonrisa irónica en sus labios, responde:

—No soy un nazi, ¿sabe jovencito? Soy alemán, pero nunca fui un nazi, sin embargo…

—Sin embargo, se vio obligado a participar en la matanza del pueblo judío —sentencio yo a viva voz, como un borbotón brotado del reprimido sentimiento de desprecio que siento por los nazis desde que conocí a Renate… o tal vez desde siempre.

—Usted no sabe lo que es tener tras suyo la sombra permanente de la muerte, no puede juzgar a nadie. Europa era una selva que nos obligaba a seguir sus leyes: ¡matar o morir! Ese era nuestro deber y nuestra misión. ¡El orgullo de poder defender a nuestra nación y restablecer la dignidad del pueblo alemán!

Bajo los párpados para que no vea el brillo de indignación que irradian mis ojos. Pienso en que no debo permitir que este contacto establecido se deshaga.

—Así es –digo muy a mi pesar–, nadie puede juzgar las acciones ajenas sin vivir las situaciones.

Le doy un giro oportuno al diálogo y continúo bebiendo algunos vasos de cerveza mientras mantengo una conversación trivial sobre cualquier tema.

Me despido con una sonrisa y salgo del restaurante cavilando sobre los insondables misterios que rodearon a estos dramáticos sucesos.

No consigo entender, cómo tanta gente pudo haber ignorado lo que estaba sucediendo. ¿Cómo hace tanta gente para quedarse afuera y no involucrarse? ¿Cómo hay tanto espacio en el mundo para los indiferentes? El silencio del observador es la más grande ayuda que puede encontrar un asesino.

¿Cuántos preceptos y reglas morales hay que transgredir para aceptar y secundar el abuso, el asesinato y el maltrato a hombres, mujeres y niños, solamente por ser diferentes? ¿Cuántas barreras éticas hay que derribar? ¿Cuántas fibras sensibles del corazón hay que desecar?

¿O realmente existió algún pavoroso y secreto motivo?

—El mundo es un loco lugar para vivir. ¡El mundo está loco! –grito en medio de la oscuridad– y el eco al final de la avenida me responde:

—¡Está loco… loco… loco!

"La locura es una enfermedad que nos impide convivir con los demás y aceptarlos como son", me digo angustiado. La humanidad debe provocar una mutación si quiere sobrevivir. Redefinir el concepto de compasión, de amor y tolerancia. Cuántos errores comenten los hombres investidos de poder, porque el poder sin amor los convierte en tiranos.

Regreso a mi casa lentamente y subo los escalones tal como si quisiera no llegar jamás, para no enfrentar el reto de seguir escribiendo esta historia.

Escucho un mensaje en la grabadora del teléfono que me informa sobre la muerte de un amigo muy querido, con quien compartimos los vaivenes de la vida. A él deseaba consultarle tantas cosas… Ahora no tengo a nadie que pueda interesarse en mi lucha interior. Sostengo mi cabeza entre las manos y me dejo caer en una profunda depresión, mientras exclamo:

–¡*Estela!* ¡Hay momentos en mi vida en que te necesito tanto!

Enciendo la computadora y comienzo a leer lo que había escrito tan espontáneamente y que estaba aguardándome en la pantalla y me reprocho:

–¡Pero cómo pude haber escrito tantas estupideces!

Siempre he sentido que dentro de mí habita *alguien* que escribe y que, obviamente, no soy yo. Pienso que soy varios seres dentro de uno, porque ser *uno solo* es algo muy pequeño y pobre. Y cuando escribo, viven vidas ajenas en mi interior. Me siento múltiple, es una disociación de personalidad. Y me repito para mí mismo:

–Esto no lo escribí yo. ¿Cómo pude ser capaz?

Indignado, apago la computadora y me acerco al espejo para mirar otra vez mis profundas ojeras y mi cabello revuelto y húmedo por el frío aliento de la noche. Me pongo el pijama y me envuelvo en las tibias frazadas que me esperan con su arrullo.

–Mañana lo pensaré mejor. Mañana decidiré si continúo o no con este absurdo. Ahora sólo quiero dormir.

El sueño, sin embargo, es el lugar en donde el escritor mueve todos los hilos de sus fantasmas para encontrar los motivos, los temas, las intuiciones y los pensamientos mágicos. La vida onírica llega a ser tan real que apenas se diferencia de la otra. Hay una parte de nosotros que no está en el espacio y el tiempo.

Y vuelve la imagen de Renate a posarse en las profundidades de mi conciencia, relatándome su historia…

Despierta la primavera de 1939 con el renacer de la naturaleza en el jardín de la casa de los Goechberg.

Josué enciende el radio para escuchar las novedades que transmite y las profundas arrugas del ceño se hacen más evidentes:

–¿Qué sucede, Josué?

–¡Algo terrible! La radio informa que el ejército alemán ha tomado Vilna y que sucederá lo mismo con todas las ciudades de los países que se encuentran bajo el régimen nazi.

–¿Qué ocurrirá ahora?

–No lo sé…

–Deberíamos pensar en viajar a América del Sur, a Ecuador, ese pequeño país que aceptó a mi hermana y su familia, pues no existen restricciones para los emigrantes judíos. En su última carta me cuenta que están a salvo.

Josué se mantiene silencioso y reflexivo. Ella no sabe que quizá es demasiado tarde porque su deber le impide abandonar la causa del pueblo judío. Ahora los hechos políticos habían tomado dimensiones insospechadas. Tenía que pensar en algo distinto. Sabía que ya en Praga estaban confiscando bienes judíos, el dinero de los bancos, viviendas y cualquier otra pertenencia. Muchos habían sido enviados a los guetos a la fuerza.

—*¿Qué debemos hacer? —dice Sarah con angustia. Él la toma de los hombros en un cariñoso gesto y besa su frente.*

—*No temas, mujer, no sucederá otra cosa que la que tenga que suceder. Debemos aceptar nuestro destino. Sólo se muere una vez y estaremos juntos para enfrentar la muerte; eso lo hará menos difícil.*

—*Apaga el radio, Josué, no quiero que Renate lo escuche por esta noche. Luego, ya será imposible ocultarle los hechos.*

***

—*¡Sarah! ¡Sarah! Despierta, ¿escuchas?*

—*¿Qué es ese ruido?*

—*Son los primeros exploradores alemanes; una avanzada en motocicleta que entra a la ciudad para comprobar si alguien opone resistencia.*

—*¡Qué horror! —exclama ella con voz trizada.*

—*Hoy comenzó el infierno para los habitantes judíos de Praga.*

Se acercan a la ventana con mucha precaución para no ser vistos. Observan que los soldados pegan carteles en las paredes con diversas órdenes: "Los judíos deberán entregar las pieles, los aparatos eléctricos, los radios, las joyas, las bicicletas y cualquier artículo valioso. Todos deberán abandonar sus hogares y marchar a los guetos".

—*Ese es su propósito: despojarnos de nuestras pertenencias hasta reducirnos a la más total miseria. Este es su botín de guerra* — exclama Josué.

Angustiados entienden que no hay alternativa, pues los llevarán a la fuerza a los guetos, o los matarán, como ha sucedido en otras ciudades.

—*Podríamos escondernos por un tiempo* —propone Sarah.

—¿*En qué lugar? Ellos lo registran todo, no queda lugar para un judío.*

Era sabido que, al que ayudaba a un judío a esconderse o a huir, lo mataban, por eso nadie quería ayudarlos. Era un régimen de terror que carecía en todo sentido de misericordia.

—*Podríamos utilizar el refugio de la casa deshabitada de mi hermana.*

—*Sí, es posible, pero yo no debo despertar sospechas. Tengo que presentarme cuando sea llamado. Debo protegerlas de algún modo.*

Los alemanes habían elaborado una lista de los nombres de los judíos y los arrestaban para obligarlos a realizar trabajos en condición de esclavos. Cuando la situación se torne incontrolable, habrá llegado el momento de esconderse en un hogar temporal.

—¿*Qué pasara luego? La gente está desesperada por las medidas impuestas en tan poco tiempo. ¿De qué manera circularás ante la prohibición de que los judíos salgan de sus casas en la noche?*

—*No temas, lo pensaré* —dice mientras se acerca a su escritorio y toma un paquete envuelto en una frazada y monologa:

"*Debo repartir la información antes del amanecer. Ahora es más importante que nunca que nuestra gente conozca lo que está sucediendo. Que finalmente acepte lo macabro de la situación y no imagine que los guetos son refugios para vivir en paz*".

Niños no utilizables

—¡Este es el engaño de los engaños con el que el régimen nazi está sometiendo al pueblo alemán y toda Europa está aceptando el hecho más cruel de la historia! —sentencia a viva voz.

*****

Capítulo VII

Esta es la memoria de una tragedia humana. Las historias no son importantes sino las personas que las vivieron.

Finalmente ha salido el sol luego de tantos días de lluvia. Comienzo a preparar deprisa mi desayuno. Hoy debo llevar al Diario el artículo que me solicitó el director y aún no lo he comenzado. Tengo que hacerlo muy rápidamente. No quiero utilizar lo escrito anteriormente para este propósito. Enciendo mi computadora y vuelvo a leer el texto escrito la noche anterior sobre las memorias de Renate y lo encuentro realmente hermoso.

–Debo estar loco si creo que es una historia más de las que he creado –me digo–. ¡Esta es algo especial! Tiene alma y está viva. La amo y debo seguir luchando por darle forma, por darle un sentido.

Redacto apresuradamente una nota de prensa para el Diario sobre Renate, sobre la ópera, sobre los niños, sobre la música… ¡Ya está! De este modo no sacrifico mi trabajo anterior. Creo que es un artículo muy interesante, aunque aún no he logrado entender el nexo entre la vida de Renate y la Ópera infantil… Tal vez sea eso: ella es una sobreviviente de un campo de concentración nazi. Sí. Eso debe ser.

Salgo sin terminar mi taza de café, casi corriendo a tomar el trolebús. Mi jefe celebra el artículo y regreso dando vueltas en mi cabeza todas las incógnitas que la entrevista con Renate no logró resolver.

Inconscientemente, he tomado rumbo a su casa y me encuentro pulsando el timbre de su departamento.

—Hola, Renate —digo, al mismo tiempo que trato de disculparme con un gesto.

—¡Hola, Juan… qué sorpresa! ¿A qué se debe?

—Necesito conversar con usted. Hay cosas que… bueno, hay cosas que no quedaron claras.

—Mi querido amigo, debo decirle que hay cosas que nunca quedarán claras para nadie: ni para los judíos, ni para los alemanes, ni para usted, ni para mí. Créame que muchos de nosotros no sabemos la dimensión de esta tragedia, ni conocemos las realidades que otros vivieron a nuestro lado. Deben existir seis millones de historias, una por cada judío asesinado.

—Renate, cuénteme más sobre su vida en el gueto. Sobre los otros prisioneros, sobre otros niños. ¿Qué les permitió sobrevivir a ese horror?

—¿Eso es información para la prensa?

—No, no lo es, simplemente quiero saberlo, nada más.

Con suave y vacilante voz me comenta que ella hubiera querido escribir sus memorias llevada por el mandato irrevocable de sus padres.

—No, no lo he hecho… aún, y no sé si lo haga algún día.

—¿Por qué no?

-Porque no he logrado vencer el temor. No he llegado a aceptar plenamente que en verdad *eso* terminó. Aún me acosan los recuerdos y el miedo de que los fantasmas regresen. Todavía no creo estar viva realmente.

—Y usted, Renate, ¿por qué sobrevivió? ¿Cómo lo logró?

Se vuelve hacia mí, mirándome intensamente y dice:

—Esa es una larga historia de amor, coraje y decisión.

–¿Podría conocerla?

–Nunca la he revelado, ¿sabe? Eso es algo que quedó en lo profundo de mi memoria y no quiero darle vida otra vez. Olvidar es muy difícil y más aún encontrar los símbolos que nos permitan explicar lo inexplicable.

–Las nuevas generaciones deben conocer a fondo estos hechos. Es nuestro deber informar. Si la perversidad del ser humano fue posible una vez, ésta puede reaparecer en otras circunstancias, ¿no cree?

Camina hasta su estudio y me invita a pasar.

–Escuche. Hay cosas que todos tienen derecho a saber, pero hay otras, que deseo guardarlas para siempre. ¿me entiende? Son mías, son algo tan mío como miembros de mi propio cuerpo.

Y empieza a monologar:

Es una tarde de otoño multicolor de 1941 y las cosas se han salido de control. En la plaza se puede observar a muchas personas que han empacado para trasladarse a los guetos; entre ellas, la maestra judía del orfanato, con su madre anciana y enferma, casi arrastrando una gran valija, sostenida a duras penas de cada lado. "¿Cómo es posible?", piensa Josué. Hay mucha gente con niños pequeños en brazos y de la mano.

Una multitud entristecida, aterrorizada y suplicante, ingresa al portón del gueto que ya ha sido separado del resto de la ciudad por una inmensa muralla: las ventanas de las viviendas lucen tapiadas con tablas y clavos. Estaba prohibido el ingreso de otro ciudadano que no fuera judío. La gente desesperada discute en la calle el verdadero propósito de los nazis al aislar a los judíos en los guetos. ¿Cómo se mantendrá el orden? ¿Cómo conseguirán alimento, carbón para cocinar o para calentarse?

Había escuchado que los soldados de las SS. irrumpían en los hogares y se llevaban a los más jóvenes. ¿Por qué sólo a los muchachos y sólo a los judíos? Nadie lo sabía. Tal vez para que hicieran los trabajos más duros. Eran arrastrados en medio de los gritos desesperados de sus familiares, a empujones, patadas y de los cabellos, hasta el lugar de reclutamiento. Los chicos gritaban despavoridos y aterrorizados, mientras eran molidos a golpes por los soldados que parecían gozar de su morbosa y repugnante maldad.

Lo terrible es que muchos de esos soldados conocían a los niños; fueron sus vecinos y seguramente alguna vez jugaron con ellos.

"Esto es aterrador", piensa Josué. ¿Cómo puede el odio abyecto de un ser humano, desequilibrar su mente a tal extremo? ¿Cómo alguien puede no conmoverse ante la inocencia de la niñez? ¡Es una locura comunal!

–En la calle encontré a la esposa del señor Wappner, que lloraba desesperad– le comenta Sarah– pues, por orden de las SS, abandonaba su casa para trasladarse al gueto; en forma inmediata fue saqueada.

–¿Por qué motivos se trasladaba al gueto? ¿Por temor a las represalias?

Sarah le relata con angustia que en la madrugada, desde una pequeña rendija de la habitación, vio irrumpir abruptamente, en la casa de sus vecinos, a los soldados, con violencia y rapidez, como si estuviesen cazando a una fiera. Echaron abajo las puertas mientras arrojaban por las ventanas los muebles, a los niños y los ancianos, en medio de los gritos de sus familiares. Vehículos cargados de centenares de judíos medio desnudos y aterrorizados que intentaban reunirse en un último abrazo con sus seres queridos. El ruido de las sirenas ahogaba sus lamentos.

–¡No es posible!

Continúa describiendo que vio llevarse a sus vecinos, arrastrando de los cabellos a mujeres embarazadas y a sus pequeños hijos.

–¡No podemos permitir que eso suceda con Renate! –exclama con angustia Josué, mientras piensa que deben abandonar su casa y marchar al refugio.

—Adiós, hija mía, vete con tu madre. Ella te cuidará desde hoy. Tienes que aprender a enfrentar cualquier circunstancia por terrible que sea. Sabes que debes cumplir una misión única e importante: sobrevivir, ¡sobrevivir! —le dice mientras la aprieta contra su pecho.

Sobrevivir de cualquier modo, para contarle al mundo lo que tal vez sus padres no puedan hacerlo. Lo que tal vez muchos judíos callaran y lo que el mundo de mañana sólo deseará olvidar.

*****

Capítulo VIII

No sé nada sobre el misterio que envuelve a la música, sólo sé que ayuda a que alguien ame más y que cada amanecer sea una nueva tonada.

Mientras relata sus vivencias, yo sigo sin entender esa locura cruel que invadió la mente de una civilizada Europa del siglo XX. Luego de tantas lecturas, lo único que queda claro de ellas es que fue una inmensa red de intrigas. Una marea desbocada de intereses políticos, raciales, económicos, sociales y religiosos, en medio de la cual naufragó la lucidez del hombre.

Una sentida canción judía envuelve de nostalgia el salón. Pienso que la música puede decirle al corazón aquello que las palabras no alcanzan a expresar. Si el recuerdo acaricia con su aliento los agujeros sonoros del alma, trae de regreso la historia, que no es sino un conjunto sinfónico de alegrías, lágrimas, añoranzas y suspiros.

–Renate, ¿cómo cree usted que la desaparición de tanta gente pudo pasar inadvertida para los ciudadanos?

–La gente es sorda y ciega ante lo que no quiere ver ni oír.

Y en voz alta comienza a recordar que grandes multitudes de personas doloridas, enfermas y llorosas llenaban las plazas y los andenes. Los habitantes judíos desaparecían a diario. Los ataques e incursiones abiertas a sus casas eran escenas que se vivían ante los ojos de todos. Los bienes y posesiones de los judíos eran repartidos a la población aria en grandes cantidades. Desde prótesis dentales, lentes y otros utensilios personales, hasta la ropa de los niños judíos asesinados, la misma que era lavada, refaccionada y vendida ya sin la estrella de David. A excepción de aquella que tenía manchas de sangre o agujeros de bala, enviada a los centros de "Socorro de invierno" del pueblo alemán.

–¿Usted piensa, Renate, que en verdad la gente lo conocía y aún así permaneció indiferente?

–¿Sabe cuántos niños de los países sometidos por el nazismo, calzaron los zapatos y vistieron las prendas de los niños judíos cruelmente asesinados?

–¿Cree usted que, por el crimen menor de despojar a los judíos de sus bienes, el pueblo alemán y los países aliados participaron en el crimen mayor del genocidio?

—No tengo las respuestas, mi querido amigo, sólo sé que la conveniencia o el temor pueden volvernos insensibles al dolor ajeno. Pueden volvernos perversos.

Luego de dos horas de plática, me despido de Renate apresuradamente para que todas aquellas imágenes y presencias no se escapen de mi mente.

-El hombre no puede concederse ya el placer de llamarse humano – murmuro, mientras voy rememorando los conmovedores relatos de Renate sobre los primeros cuatro mil niños –*judíos franceses entre 2 y 8 años*– que, habiendo sido cruelmente separados de sus padres, fueron enviados solos y en un viaje de cuatro días, sin abrigo ni alimento, como el primer embarque del "tren de la muerte", a las cámaras de gas de Auschwitz.

Y recuerdo las palabras del fiscal general *Gideon Hausner*, en el juicio a Eichmann, mientras presentaba las evidencias de los crímenes cometidos contra los niños judíos: "Hasta el Holocausto, existía la inocente suposición de que ninguna persona, aún siendo depravada, podría permanecer impasible ante fragilidad de la niñez. La raza humana ya no puede permitirse ni siquiera ese consuelo".

Cruzo la calle a toda carrera para alcanzar el trolebús. Me acomodo en un asiento y, para que no se escape de mi mente ningún detalle de este relato, comienzo a escribir en mi bloc de notas:

La dolorosa separación de la familia Goechberg se produjo. Se rompió el diálogo, la comunicación física y espiritual. Sólo el temor y el dolor unían sus vidas.

A Josué lo atraparon en la calle y lo enviaron a arrastrar durmientes en la vía férrea. Al anochecer llegaba a duras penas a casa, con las manos lastimadas y moretones en todo el cuerpo por los golpes recibidos de los criminales nazis, que lo agredían en forma permanente para que trasladase los pesados durmientes a mayor velocidad. Y cada día otro desenfreno y otro atropello a la dignidad.

—Una condición humana más miserable no existe y, si existe, la mente no puede imaginarla —reflexiona Josué.

Camina por las calles rumbo a casa, con la mirada perdida y una casi inconsciencia producida por el cansancio, el dolor, la humillación y la angustia de saber que no puede llegar hasta el escondite en que lo espera su familia, cada madrugada.

Desde su ventana observa, mientras deja correr las horas del amanecer para poder llegar al refugio, a los delincuentes que cruzan felices las calles, cargando cuanto pueden hurtar. Niños aterrorizados huyen despavoridos convirtiendo la ciudad en una especie de manicomio, en el que hasta el más cuerdo pide a gritos perder la lucidez para no ser testigo indiferente de esa locura.

Sarah y Renate aguardan en el sótano de la casa de su hermana, que no es más que un cuarto de cuatro metros, sin una sola ventana. Libradas a su terrible suerte. Saben, sin embargo, y como único consuelo, que Josué regresará, aunque extenuado e incapaz de alzar siquiera sus brazos, con alguna porción de comida que había logrado distraer de la requisa de los soldados, que no permiten que quede ni una sola migaja de pan en los bolsillos de los trabajadores esclavizados. Todos son prolijamente revisados, y, si llegasen a encontrar algo en su pertenencia, serían torturados hasta la muerte.

Las dos mujeres quedan muchas horas confinadas a su encierro sin luz ni ventilación de ninguna clase. Asfixiadas con su propio sudor y sus excrementos. Ya no tienen nada que decirse; no pueden hablar por temor a ser escuchadas y descubiertas, y porque la conversación sólo podría girar alrededor de esa misma angustia.

Intentan olvidarse del mundo, a pesar de que de, vez en cuando, los alaridos de los soldados, los aullidos de terror de la gente o los disparos las devuelven a ese lugar de demencia en el que sobreviven. La sensación de paso del tiempo va perdiendo su real percepción, como si estuvieran levitando por una desconocida dimensión. Envueltas en una total y absoluta oscuridad, los minutos pasan angustiosamente más lentos y sólo saben que aún están juntas cuando se funden en un abrazo amoroso y sus manos se entrelazan en señal de apoyo.

El hambre, el frío y el terror minan sus fuerzas día a día y sólo pueden soñar con la esperanza de que Josué logre traer una migaja de pan, a la que se lanzan, devorándola con tal ansiedad que, a veces, no alcanzan siquiera a sentirla resbalar por sus gargantas.

*****

Capítulo IX

¿Cómo podría dejar de reconocerme cómplice de la maldad humana si no sintiera rodar una lágrima por mi mejilla, al recordar estos aterradores testimonios?

Hoy no me he vestido, no me he bañado, estoy sumido en una profunda angustia depresiva, envuelto en mis frazadas y mis pensamientos, sin poder escapar de ellos.

"Es sábado y podré escribir cuanto quiera", me digo. "No tengo que salir de mi encierro".

Un aluvión de ideas, que se precipitan como una inmensa cascada, penetra en mi mente y apenas puedo absorber unas gotas para convertirlas en palabras. ¡Qué rebeldes son las palabras, qué huidizas! Cuando las necesito no vienen y vienen cuando no las quiero escuchar.

Vienen cuando me alejo, cuando enciendo el televisor para ahuyentarlas, cuando salgo a la calle a caminar para llenar mis ojos del paisaje lluvioso que, a veces, lava mi alma dejándola limpia y renovada. Pero siguen allí, tras de mí, persiguiéndome.

Y ahora que las llamo… no vienen.

¿Cómo expresar toda la angustia que Renate imprimió en sus relatos sin causar con ello un horror que impida a otros leer estas líneas? Recuerdo haber desertado de las lecturas amargas y crueles, porque los humanos huimos del dolor. ¿Cómo describir, sin embargo, el límite del sufrimiento, el límite del hambre, el límite de la humillación?

Debo hacerlo para que el recuerdo se aferre a la roca de la memoria y no desaparezca bajo las encrespadas olas de la indiferencia y el olvido.

No he comido desde anoche y voy hasta la pequeña despensa. Tomo un pan y comienzo a mordisquearlo, cuando los relatos de Renate me acosan otra vez y me cuestiono:

¿Cómo la mente racional puede admitir que, en esas situaciones, una migaja de pan, una manzana o un sorbo de agua, tracen el límite entre la vida y la muerte de las personas? ¿Quién que tenga un hijo, un hermano, un vecino, puede imaginarlo siquiera viviendo este horror?

¿Qué importancia tiene que fuesen judíos, negros o blancos? Simplemente eran seres humanos, sin distingo de ideologías, religiones o razas.

Desde la comodidad de mi habitación, iluminada y confortable, llena de elementos a veces innecesarios y de vanidoso ornamento, ¿cómo podría dejar de reconocerme cómplice de la maldad humana?

Enciendo el radio para distraer mi mente de las dolorosas sensaciones que comienzan a invadirme. Mas, cual si la hubiese estado llamando, una nostálgica melodía judeo-italiana se apodera de mí. Un violín gime tras la voz femenina que canta a la añoranza:

Sul camino del mare
è il bianco d'una spuma
mio cuore pellegrino
ritornerà mai più!

Doy vueltas por la habitación levantando la cabeza hacia el cielo, parpadeando incesantemente, en el intento de impedir que se desborde el torrente de lágrimas que fluye de mis ojos sin control. Esta es una de las que llamo *casualidades significativas* que ha venido a tocar a mi puerta.

Me siento culpable porque soy como cualquier otro…

¡Increíblemente igual a aquellos que cometieron tan horrendos crímenes! Increíblemente igual a los verdugos… ¿O es que ellos tienen realmente otro rostro?

¿Cómo podría dejar de sentirlo desde la infinita dimensión del tiempo que, aunque no me tocó vivir, gira en torno a mi existencia cósmica universal? Extraña paradoja que me enfrenta a la responsabilidad de recordar un delito que no cometí, pero que existe y me obliga a responder de alguna manera. ¿Cómo no aceptar la responsabilidad colectiva, por la posición de las nuevas generaciones frente al pasado, para jamás encontrarnos en uno de los tres grupos activos del Holocausto: los victimarios, las víctimas… o los indiferentes?

Vuelvo hasta la computadora, enjugándome las lágrimas con la manga del pijama y continúo escribiendo.

Josué sabe que ya es imposible esconder a su familia por más tiempo. Cada día es más difícil ocultar una pequeña porción de alimento para ellas y, por esa razón, decide rescatarlas del encierro. Sabe que un día podría caer abatido por un disparo o el golpe de un soldado, mientras Sarah y Renate lo esperan.

Es preferible morir juntos, piensa en su desesperación, y va entonces a sacarlas de su escondite para someterse al traslado al gueto.

Al llegar finalmente, casi arrastrando su cuerpo incapaz de moverse por la fatiga y el hambre, se abrazan en un afán desesperado de fundirse en uno solo y salen en medio de la noche, con todas las precauciones, camino a su casa, en la que día a día han ido desapareciendo todas sus pertenencias en manos de los delincuentes. Sin embargo, aún les espera una cama para protegerse del frío.

Se apretujan entre sí para darse calor y transmitirse el sentimiento que los une, y se quedan dormidos en la plácida entrega de quien sabe que será su última vez. Los cuerpos enredados caen en un letargo casi agónico.

Pasaron tres días juntos, intuyendo que eran los últimos. Josué y Renate, sentados uno frente al otro, dialogan sobre lo que podría suceder. Él la instruye sobre el único deber que tiene que cumplir como un compromiso con su pueblo: ¡Sobrevivir! Ella lo escucha con atención, respeto y admiración.

Rezan y leen la Torah tomados de las manos y luego se abrazan por un largo espacio de tiempo. Saben que en cualquier momento escucharán el estruendo de la puerta derribada por una bota alemana y los aterradores alaridos de los soldados, con los que parecen dar salida a ese odio reprimido y secular.

Cada uno se despide de la vida a su manera. Josué lee y estudia, Renate mira por la ventana de su habitación el cielo, los pájaros y las flores; Sarah lava con dedicación y esmero la ropa de su familia y prepara con amoroso cuidado las valijas que llevarán a su destierro, sin descuidar detalle. Sin olvidar las almohadas, las prendas preferidas, los recuerdos, las fotos y las mil pequeñas cosas que hacen la vida diaria de las personas.

Velando con tierna solicitud femenina por su familia en los últimos minutos de vida que les queda juntos, prepara con ilusión los mejores alimentos, utilizando en forma creativa los pocos víveres con los que cuenta su alacena, sazonándolos con el ingrediente que transforma el sabor de la vida: el amor.

Y el plazo se cumplió. Una madrugada, escucharon el estrépito que estaban esperando y que, sin embargo, aceleró el latido de sus corazones. Entraron los soldados dando órdenes extranjeras. A gritos, empujones y golpes los embarcaron en un camión que los llevó a un inmenso andén iluminado por reflectores que rompían con sus halos de luz la neblina, señalándolos como dedos acusadores.

Una multitud de personas ansiosas y aterrorizadas se encuentra en las estaciones. Un silencio inmenso, casi palpable, reina en el ambiente. El andén hormigeante de sombras que apenas se vislumbran en su ir y venir, llevando y trayendo valijas que según las órdenes traducidas por alguien, hay que dejarlas al pie de cada vagón del tren.

Nadie se atreve a romper ese silencio aterrador y cómplice. Apenas se susurran atemorizados para buscarse entre ellos; se abrazan y toman de las manos...

Soldados con sus piernas abiertas y mirada indolente, forman filas para organizar el ingreso a los vagones. Pasean con pasos metálicos entre las personas, preguntándoles datos con un mal manejo del idioma. Quieren saber edades y estados de salud, y según las respuestas, los alinean en direcciones distintas con la indiferencia de quien está cumpliendo un deber cotidiano. Sin embargo, cuando alguno se detiene más allá de lo permitido, despidiéndose de sus seres queridos, le asestan un tremendo golpe que lo derrumba al suelo. ¿Cómo es posible golpear a alguien sin cólera ni rencor? ¡No había lugar para la compasión en sus pechos llenos de botones por fuera y fanatismo por dentro!

Josué está como adormecido por la humillación y la angustia. Sarah lo toma de la mano y arrima constantemente su cabeza en el hombro, mientras abraza a Renate. En un momento, los separaron y Renate sólo escucha la voz de su padre resonando en medio de la niebla: "¡Sobrevive hija mía, tienes que vivir para contarlo!"

Empujados por los soldados y sin lágrimas ni quejas, se alejan hacia el vagón del tren, despidiéndose con la mirada hasta cuando desaparecen.

Esa fue la última vez que Renate vio a sus padres. El tren fue tragado poco a poco por la oscuridad de la noche. Alguien dijo por allí, que esos trenes iban directamente a Auschwitz.

*****

Capítulo X

Es posible que la evidencia de la muerte nos acerque a la realidad de la vida.

Cierro mis ojos para mirar en mi interior, pues, cuando miramos los acontecimientos con atención, siempre se destaca en el fondo, como el paisaje tras la neblina, aquello insólito, conmovedor, narrable.

Ideas que, a pesar de estar inmersas en el seno de la ficción, no dejan de ser producto de una experiencia vivida por seres humanos reales y del encuentro de varias historias personales. Y me cuestiono: ¿cómo enfrentaría yo a la muerte en una circunstancia similar?

Pienso que tal vez la evidencia de la muerte nos acerca a la realidad de la vida. Esas dos fases ineludibles de la existencia humana que, sin embargo, no queremos reconocer como presencias alternas obligatorias en nuestro destino terrenal.

La gente que la observa como un hecho natural, aprende a convivir con ella. Aceptarla significa vivirla de alguna manera y entonces la existencia de cada día, de cada aliento, de cada despertar, se torna mágica y milagrosa... ¿Cómo lograrlo?

La triste historia del Holocausto nos hace reflexionar sobre esa actitud de resignada aceptación de la muerte inminente que adultos y niños lograron, a sabiendas de que cada día podría marcar el final.

Aceptar que estaba allí, frente a ellos, esperando el momento de dar el pequeño zarpazo. ¡Que estaba allí todos los días! Con sólo trasponer un muro, con sólo ser señalados por la decisión nazi, con sólo ser elegidos por el número que llevaban tatuado en su piel, con sólo una mirada o un gesto de quienes tenían en sus manos el poder de dar la señal y la clave que trazaba el límite.

—Creo que en esta historia, el límite lo trazó la indiferencia del mundo —exclamo, mientras voy hacia el teléfono que no ha dejado de sonar.

—Hola, Juan, ¿cómo estás? ¿Sigues ausente con tus locas historias de judíos, muerte y destrucción? Pues te tengo datos que podrían interesarte.

—¿De qué se trata?

Comienza a leer un antiguo artículo sobre una actividad secreta de los nazis que, en su afán de demostrar la superioridad racial que justifique sus teorías de eugenesia elitista y asesina, fueron de los Andes al Himalaya en busca de los orígenes de la raza aria. Tras la huella de sus supuestos ancestros: *seres superdotados, sobrevivientes de la Antártida*, cometieron, en el desarrollo de su investigación, toda suerte de abusos, crímenes y genocidios.

—Gracias Andrea, pronto volverá todo a ser como antes. Sólo necesito desprenderme emocionalmente de este tortuoso tema.

—Sólo tú eres capaz de hacerlo… Sabes que la mente orquesta las circunstancias de nuestra vida. ¡Libérate!

Abro mi ventana para respirar el aire frío del medio día, brumoso y triste, y despejar mi mente, cuando observo a la gente que se encuentra sentada en las bancas del parque El Ejido, inmenso pulmón de la ciudad de Quito, al que regularmente se acude en busca de luz y calor. Entre las copas de los árboles distingo la figura del *alemán*, con un libro en sus manos.

Me visto apresuradamente y salgo rumbo al parque, rodeándolo, de manera que no se percate de mi deseo de propiciar un encuentro.

Cuando paso frente a él, simulo un gesto de sorpresa.

—Hola, ¿respirando aire puro? —digo a modo de saludo.

—Sí, hay que aprovechar cada segundo de la vida, ¿no cree? —responde sonriente.

—¿Otra vez sin sus medallas? —comento mientras señalo con mi índice el lugar en que suele colocarlas.

Me observa, una y otra vez, mientras vuelve los ojos a la lectura. Luego de un prolongado silencio, me pregunta:

—¿Qué es lo que le inquieta, mi amigo? ¿Qué quiere saber?

Yo me siento atrapado y sorprendido por su gran sagacidad.

—Bueno… en realidad…

—¿Quiere saber si maté a millones de judíos? ¡Pues sí lo hice! Y ¿quiere saber por qué? Por la gloria de una ideología bajo cuyos mandatos me forjé como hombre. Por deber, por honor, por temor…

—¿Temor?

—¡Sí… ¡temor! ¡temor!… por cobarde temor.

—No lo entiendo. ¿Puede el temor desencadenar semejante atrocidad?

—¿Qué cree que obligó a los norteamericanos a trabajar en forma acelerada el *Proyecto Manhattan*?

—No lo sé.

—El temor al avance tecnológico armamentista nazi. La inmensa cantidad de *uranio* y *agua pesada* de Noruega en poder de los científicos alemanes. Y mire, ese solo temor dio a luz la bomba atómica que devastó a Iroshima.

—¿Pero qué clase de temor sacudió a los nazis?

—¿Ha escuchado usted sobre los *Secretos Protocolos de los Sabios de Sión*?

—No… no en realidad. No sé qué es, aunque algo tal vez he oído, pero no me he interesado en ellos. ¿Dónde puedo conseguir esa información?

Suelta una sonora carcajada, haciéndome sentir un torpe e ignorante ser humano.

—¡Si los encuentra, ¡avíseme! —dice riendo. ¡Por favor avíseme! —repite y se levanta del banco dejándome atónito.

***

Es un día triste y hostil. No he podido concentrarme en mi trabajo y siento que, tal vez, he perdido el tiempo en el Diario porque mi mente transita por otros caminos.

He buscado a uno y otro amigo para hacer algo que ningún escritor con juicio hace, ni debe hacer jamás: permitirle que lea mis primeros apuntes. Los más sinceros han torcido el gesto o se han mostrado indiferentes.

—¿Por qué escribir sobre un tema que todos conocen?

—Es posible que sea un tema muy manipulado, pero los temas son eternos. Lo único que cambia es la manera de contarlos. ¿Qué tanto realmente sabes de esto?

—El mundo entero recuerda los hechos que rodearon al Holocausto.

—Tal vez sí, tal vez no.

—

Mira, yo opino que está *muy dicho*. Quizá debería ser menos denso... o algo que se aleje de los testimonios ya escritos; algo que sea más interesante. Búscate un personaje fuerte que le dé carácter.

−¿Interesante? Pienso que es más allá de interesante saber sobre este insólito suceso que nos compromete a todos como seres humanos.

−Sí, pero... bueno, es posible que no me haya importado mucho esa historia. La veo distante. No soy europeo, no tengo ningún vínculo con esos lejanos territorios. Además, existen demasiadas verdades y mentiras que se tejen en torno a esta oscura historia.

−¿Mentiras? ¿Qué mentiras?

−Por ejemplo, ¿por qué crees que esta matanza fue cuestionada y rechazada por la historia? Sólo porque eran blancos, porque eran ricos, porque eran burgueses. ¿No has escuchado que mucha gente niega la veracidad de estos sucesos y afirma que nunca sucedieron? Yo también he pensado alguna vez que todo es una mentira...

−¿Y los seis millones de judíos desaparecidos?

Recuerdo lo que siempre me aconsejaba mi abuelo cuando me veía intentando encontrar las verdades que sustentasen una historia: "nunca permitas que una verdad se interponga a una buena historia"

Otro escritor me ha comentado:

−Tal vez si le pones un nombre mercadeable.

−¿Mercadeable? ¿A una tragedia vivida por seres humanos?

−¡Los judíos han sido los más grandes mercaderes de la humanidad! −dice soltando una sonora carcajada.

Y hubo quien me preguntó incrédulo:

—¿Qué tienes tú con el pueblo judío? Yo también tengo amigos judíos, pero, cuando leo lo que escribes, siento que lo vives, lo respiras, lo sufres.

—Tengo solamente el sentido común –respondo–, que me permite entender que el mundo es una gran familia y que ésta ha sido una de las peores tragedias que le ha sucedido a la familia humana.

A veces me pregunto yo mismo: ¿Qué tengo con el pueblo judío?

—Necesitas definir lo que quieres hacer: un ensayo, un relato, una novela o una obra de ficción.

—Yo sólo quiero escribir lo que me dicta el corazón y la conciencia.

—Eso es porque no eres un escritor –dice riendo–. Los escritores de oficio lo planifican todo. No dejan nada al azar.

Finalmente, uno de ellos, me ha planteado un dilema al preguntarme:

—¿Y para quién lo estás escribiendo?

—¿Para quién…?

—Sí, para qué tipo de lector, para qué público.

—Bueno, en realidad, creo que para nadie… para mí mismo.

—Entonces, ¿qué te agobia?

Me alejo, ofendido y humillado, sin responder. "Tal vez sea el estilo", reflexiono. Mas, es sabido que nadie debe buscar en forma consciente un estilo. He oído decir que "el mejor estilo es no tener ninguno". Una obra literaria es como un jardín que florece paulatinamente. El autor no puede comprender sus dimensiones hasta cuando la ha terminado. Si uno mira las piedras, no son más que piedras; es la historia la que las llena de significados.

Tomo mis apuntes y me alejo cabizbajo, silencioso y herido, como se debió sentir mi madre cuando me echaron del colegio y digo como ella:

—No te aflijas, hijo mío. Yo te amo, te amo y lo demás no importa. ¡Vamos! Ya encontraré algo para ti.

Camino lentamente de regreso a casa. Siento el intenso deseo de volver sobre mis pasos rumbo al apartamento de Renate, pero temo que ella no comprenda mi angustia. No entienda mi necesidad de saber más sobre la mente y los sentimientos de los nazis. Sobre sus motivaciones y razones. ¿Cómo fueron los guetos? ¿Qué propósitos macabros cumplían en realidad?

—¡Hola, Juan! —dice con una leve sonrisa—. ¿Y ahora qué?

—Renate —digo avergonzado—, no me odie, por favor. No quiero hacerla sufrir reviviendo sus dolorosos recuerdos. Es que tengo que saberlo, ¿me comprende? ¡Tengo que saberlo todo!

—¿Por qué? ¿Qué motivo es ese tan poderoso?

—No lo sé, en realidad… no lo sé… yo mismo no lo entiendo, pero es una fuerza arrolladora que me arrastra, me acosa, me hostiga. Permanece dentro de mí, asediando de día, de noche, en mis sueños. Sólo puedo liberarme de ella si escribo, si la capturo con palabras. Ayúdeme a escribirla.

Sonríe condescendiente y comienza a relatar:

Renate se queda sola ante la inmensidad del dolor. Lleva sobre sus espaldas la valija, con los 50 kilos de equipaje que permitían los nazis, como único testimonio de su vida anterior.

No sabe por qué la separan de sus padres y la alinean junto a otros niños y jóvenes de aproximadamente su misma edad. Los trasladan de un gueto a otro durante varios días, en los que caminan con lluvia y con sol, sin alentar ni un reniego ni derramar una lágrima. Sin dejarse ganar por la fatiga, pues a los que van cayendo, les disparan y los dejan abandonados en el camino.

Finalmente, llegan al gueto al que le habían destinado en forma permanente, ubicado a poca distancia de su propia ciudad. La carga de su valija se ha alivianado para poder soportar el cansancio. Lo que quedaba en ella era ya casi nada.

Cuando se encuentra esperando que le asignen la habitación de tres metros por tres, en la que están apiñadas otras quince jovencitas, ve llegar a los niños del orfanato en el que ella estudiaba; ellos son tatuados en la piel con sus códigos de identificación.

El proceso es casi indoloro… ¿por qué lo hacían? Eran personas, no ganado… ¿por qué lo hacían? El tatuaje es un fin en sí mismo: un mero ultraje. ¿Qué significa para una persona verse transformada en un simple número? Los adultos lloran al ver humillados así a los pequeños.

A los otros niños le asignan un código y les imponen igualmente la obligación de llevar prendida en su vestido la estrella judía. A ella le asignaron el JG-7-12-04, número que marcaba el inicio de una vida de miseria y soledad.

El mundo de pronto se desquicia para Renate. La vida se convierte en una pesadilla. Los trabajos abyectos a los que son sometidos los prisioneros, sean niños o adultos, hombres o mujeres, son irracionales e inconcebibles.

Les hacían cavar zanjas en la mañana para volverlas a rellenar en la tarde. Llevaban y traían enormes piedras, sin otro motivo que mantenerlos trabajando incesantemente en el frío, calor, nieve, lluvia o sol. El objetivo era desmoralizarlos y minar su resistencia física y espiritual. ¿Hay otra razón para maltratar y atormentar al que va a morir?

Renate siente que el silencio la hunde en un mal sueño sin final. Sólo espera el momento de llegar a la habitación y dejar caer su magullado cuerpo en la cucheta de tres pisos que comparte con otras niñas. Es tal el cansancio que experimenta que a pesar del hambre que desgarra sus entrañas, en ocasiones, no puede pasar bocado por su garganta.

Escondidos en un baño y bajo la luz de una vela

Lo único que desea es dormir; dormir para olvidar la angustia, dormirse por cansancio, sin dolor ni sufrimiento, hundida sin remedio en la sin razón de existir.

En sus sueños, a veces halagadores, a veces aterradores, siempre ve a su padre repitiéndole: "¡Sobrevive Renate, hazlo por tu pueblo!". Palabras que, en su mente, se habían convertido en el undécimo mandamiento.

Cada noche, Renate asoma su cadavérico y ya deformado rostro infantil por la pequeña ventana enrejada, que queda a la altura de su litera, para mirar el gueto en toda su dolorosa dimensión y tratar de entender el mundo que ahora la aprisiona. Aquel espacio del universo cercado por el terror, la oscuridad, la soledad y el frío; gobernado por corazones más férreos e indolentes que los mismos muros.

Un barrio de la ciudad ha sido cerrado con tapias de más de tres metros de altura, sobre las que se alzan alambradas de púas rodeadas de una barrera viviente de soldados armados. Eso es el gueto.

En el laberinto de esas calles, que antes eran las de un barrio cualquiera, la gente se hacina en forma inconcebible, siendo privilegiados aquellos que lograron encontrar un espacio dentro de las casas, que hoy se convierten en verdaderas ratoneras. Una pequeña habitación podría albergar hasta quince o más personas.

Mira las ventanas de las otras viviendas gimiendo doloridas, como azotadas por el helado aliento de los fantasmas. Desde adentro proviene un llanto suave y continuo, como agua rodando hacia el abismo, como el caer de la lluvia sobre el tejado, como una llave descompuesta. Alguien llora en silencio su dolor.

Un cielo sin luna y sin pupilas siderales y un viento salvaje como un cuchillo de acero envuelven a ese espacio que parece flotar en el vacío. Desolador cobijo para quienes ya son menos que un ser, que un nadie, que una sombra sin vida y sin aliento.

Sumergido en ese silencio, en el que hasta se siente palpar la nada, está el patio rectangular en el que se alinean las casas del otrora barrio de la ciudad. Al fondo de un rectángulo, la caseta de la letrina, expandiendo su olor fétido por todo el patio. La noche abraza los contornos de ese lugar silente y dolorido.

Vivir en el gueto, es como vivir en los umbrales de la miseria humana. A la distancia, se pueden ver las alambradas que delimitan la vida y la esperanza de libertad de los prisioneros. Los fantasmas de los soldados, vigilando el sueño de los inocentes, se pasean haciendo sonar sus botas en cada esquina del patio.

Más que viviendas, parecen laberintos amurallados. Pasillos obscuros y empinadas escaleras que obligan a un continuo subir y bajar. Más del 50% de la población de la ciudad se hacina en menos del 10% del espacio urbano. No existen comedores ni lugares que sirvan de cocinas. Los alimentos tienen que ser cocidos en fogatas en las veredas y, de la misma manera, la gente se arrincona por allí para tomarlos.

Estrechas habitaciones atestadas de personas que duermen unas sobre otras para calentarse. O en el piso, envueltas en harapos. Niños escondidos debajo de las cuchetas, para que los soldados no los descubran y los lleven a los campos de exterminio. Sumidos todos en un estado común: el del sufrimiento.

Sufrimiento creado en forma deliberada, como un fin en sí mismo. La ofensa al pudor representa una herida profunda en la dignidad humana. Una perversidad planificada. Humillaciones para las que la mente racional no está preparada.

Renate observa incrédula todo este infierno y siente que no está en ningún lugar sino volando en alas de una ficción insólita, producto de alguna pesadilla. No tiene con quien conversar. Nadie quiere hacerlo. Sólo lloran y lloran su desesperación.

La inmensidad de la soledad y el silencio va tornando cada vez más irreal la vida y más metafísico el espacio que la rodea, permitiéndole salir de la cárcel de su propio cuerpo. Sólo hay algo verdadero que no admite duda: el dolor.

Cierra los ojos ya cansados de llorar y cae en la oscuridad interna de la depresión al margen del mundo y de la vida. Siente que no es nadie o, al menos, ya no sabe quién es... es otra... alguien que tal vez ni ella misma reconoce. ¡Al otro lado de la alambrada, amanece un lugar diferente llamado libertad!

Capítulo XI

> **El paraíso prometido, a veces, se encuentra en el fondo del corazón de los hombres justos, de aquellos que son capaces de sacrificar su vida por la nuestra.**

—¿Hasta qué límite puede el hombre soportar el dolor, Renate?

—No hay límite cuando se cruza esa absurda e ilusa pequeña porción de lo que llamamos esperanza… a veces, nos avergüenza confesarlo. Es un impreciso retazo de fe el que obliga al hombre a sobrellevar aún tanta miseria e iniquidad —dice fijando su mirada en el recuerdo.

—¿O existe alguna otra fuerza poderosa que lo impulse a seguir adelante a pesar de que sabe que ya no hay posibilidad de continuar viviendo?

—Son exigencias que gravitan en torno a la vida humana y que hacen que el ser terrenal resista todo lo inimaginable, con tal de vivir un día más. Así sea únicamente un día más.

—¿Es tal vez un mandato cósmico?

—Para nosotros, es más que eso, Juan. Es un mandato de dieciocho siglos dado a nuestro pueblo desde la época de Abraham. ¡Dieciocho siglos que el pueblo de Israel ha soportado con heroica paciencia toda clase de humillaciones y persecuciones! —dice con visible devoción.

—Pero, ¿qué es eso tan profundo que los obliga a soportar?

—No lo sé. No podría decírselo, pero hay *algo* más allá de nosotros que determina el momento de abandonarse a la muerte. Del mismo modo, existe ese *algo* inexplicable que nos empuja a seguir viviendo. Tal vez sea el ver que aún en el mundo hay gente noble, hermosa y valerosa. Quizás el comprender que existe siempre una luz al final del túnel…

—¿Cree usted en los milagros?

—Si pensamos que las leyes naturales pueden ser infligidas, entonces creeremos en los milagros y los milagros se darán.

—¿Y cuál es el milagro que esperaba el pueblo judío?

—Tal vez encontrar en el mundo a alguien como Marie —exclama mientras sus ojos se enternecen ante las imágenes del ayer…

Los niños y jóvenes seguían llegando día a día hasta el gueto, agobiados por la pena, famélicos y casi desfallecientes de cansancio. Demacrados, maltrechos, envueltos apenas en jirones de sus miserables vestidos. Todos atravesaban ese umbral de la muerte llorando, porque aún tenían el pequeño consuelo de poder hacerlo.

Mas, un día de invierno que amaneció con un cielo azul y resplandeciente, como si se tratase de una premonición, llegó una niña de quince años aproximadamente, sonriendo y esparciendo toda la luminosidad de su alma en medio de la triste oscuridad del gueto.

La oscuridad tiene una existencia negativa: es solamente la ausencia de luz.

Su nombre era Marie. Su voz, ligera como la brisa, y su tranquila y serena manera de hablar expandían a su alrededor un aura de paz que se parecía, en algo, a eso que llamamos felicidad y que muchos ojos habían dejado de ver desde hace algún tiempo atrás. Traía el corazón lleno de bondades y sus pisadas eran livianas y tenues como su sonrisa, que hacía de su cara el rostro del amor. Sus ojos melancólicos, que miraban desde el fondo del alma, escondían la tristeza bajo una capa de dulzura.

Los niños y los jóvenes pronto comenzaron a sentirse reconfortados con su sola presencia. Nunca se quejaba y aceptaba las dolorosas circunstancias con una inmensa resignación que imprimía tranquilidad en la vida de los niños del gueto. Con el afán de darles esperanza, en medio de la asfixiante realidad que vivían, los orientaba con sus consejos:

"Debemos seguir nuestro destino, sólo nosotros podemos vestir de belleza a la vida, aún en los momentos terribles en que el corazón parece desgarrarse golpeado por el dolor".

Mientras trabajaba en el frío, el sol y la nieve, sus labios tarareaban canciones y su sonrisa estaba siempre lista como un regalo para sus compañeros de infortunio. Repartía a diario lo único que tenía para dar: su alegría.

El estado de ánimo de los jóvenes comenzó a cambiar. De pronto se sentían más valerosos y fuertes. De pronto se llenaban de esperanzas sus corazones y hasta sus cuerpos famélicos parecían encontrar renovados bríos para continuar adelante.

La bondad es un fluido que actúa como a través de una serie de vasos comunicantes en el corazón de los hombres.

Renate la admiraba y trataba de seguir su ejemplo, recordando siempre la promesa que le hiciera a su padre de sobrevivir a la horrenda pesadilla del gueto. Sabía que no existían fuerzas más poderosas para sobrellevar la miseria que la alegría y el amor.

A menudo le preguntaba:

—¿Por qué eres tan buena?

Y ella le respondía con una sonrisa:

—Todos lo somos. Sólo tenemos que buscar ese santo que llevamos dentro y dejarlo actuar.

Cuando alguna vez se sentían agobiados por carecer de todo lo que les hacía falta, ella los reconfortaba diciendo:

—Esto nos muestra nuestra propia incapacidad de vivir sólo con lo esencial, con ese mínimo indispensable. Podemos repasar cada día cuántas cosas menos se necesitan para vivir. Van a comprobar que no hace falta tanto.

Y reían, convirtiendo esta siniestra realidad en un juego que a diario era practicado por los niños.

Sin embargo, en el fondo del corazón les dolía haber sido despojados de todo: sus seres amados, padres, hermanos, amigos. Sus hogares, la ropa, los zapatos, los cabellos... hasta el nombre. No tenían nada, ni siquiera aquello que el más humilde mendigo posee: un pañuelo, una cuchara, un cepillo de dientes, un libro, una carta vieja, la foto de una persona querida. Son cosas tan propias como la piel del propio cuerpo.

Cuando se ha perdido todo, se siente haber llegado al fondo de un abismo, en el que también puede perderse la conciencia del ser y del estar.

—Debemos avanzar en silencio hacia nuestro destino —les decía Marie, mientras les ayudaba a encontrar de alguna manera la armonía entre el cuerpo y el espíritu, entrando mentalmente en lo que ella llamaba "paraíso celestial".

Pronto el hambre comenzó a dar sus primeras víctimas. Los nazis, cumpliendo un premeditado objetivo, permitían el ingreso de alimentos que no alcanzaban a las 200 calorías diarias, que significaban la quinta parte de lo estrictamente necesario para sobrevivir.

Marie decidió entonces organizar comisiones dentro del gueto, que se encargarían de velar por los niños huérfanos que deambulaban por las calles, desconcertados. No había quién se ocupe de ellos.

A veces caían abatidos por la debilidad y las enfermedades. Los soldados los cubrían con papeles de diario, hasta arrumarlos en esos camiones que hacían rugir como leones hambrientos sus motores, cansados de transportar muerte y dolor.

Los jóvenes del gueto comenzaron a tomar conciencia de lo que era la compasión, la solidaridad y el amor a los semejantes, apoyando a Marie en sus empeños, como la más sublime forma de resistencia pasiva.

Jóvenes y adultos empezaron a preocuparse por aliviar en alguna medida las necesidades del gueto, reuniendo víveres, ropa y medicamentos para distribuirlos entre los más pobres y abandonados de los habitantes. Renate, apegada a Marie, se convirtió en su mano activa y su más querida amiga. Su mutuo afecto amistoso paleaba en cierta medida la soledad y la ausencia de sus padres, hermanos y seres queridos. Marie la consolaba, la cuidaba y suplía a su madre en tantas situaciones femeninas que, sin apoyo, hubiesen resultado dolorosas y sorpresivas.

Por las noches, cuando llegaba la hora de la queda policial, los jóvenes se reunían clandestinamente, robándole horas al ansiado descanso para trabajar en sus proyectos. Escribían en retazos de papeles ajados las tareas individuales que debían cumplir apenas amaneciera. Escondidos generalmente en un baño y bajo la tenue luz de una lamparilla o una vela. Eso significaba para ellos ejercitar la memoria con sueños e ilusiones, como el último aliento de condición humana que aún les quedaba.

Estudiaban la Torah y rezaban cada día con más fervor. Cuanto más terrible y desoladora era la vida en el gueto, mayor era el éxtasis religioso de los jóvenes, que se llenaban de valor para avanzar sin ceder paso a la desesperanza, haciendo de ese tenebroso espacio, el templo en el que Dios existía por sí mismo.

La actividad religiosa estaba prohibida por los nazis por el temor de que en sus lecturas, revivieran aquellos milagros que salvaron a los judíos en épocas bíblicas y que podían convertirse en una fuerza espiritual de resistencia,

Desafiando el designio nazi de impedir el ejercicio de la solidaridad humana, lo hacían en forma clandestina cuando encontraban en el rincón del patio, generalmente escondidos tras de un montón de basura, a un grupo de niñitos pálidos y demacrados, sobre los que había caído sin piedad la maldición de la orfandad y la miseria,

Entonces, con tierna y solícita dedicación, les daban de comer lo poco que habían recaudado en la tarea que se denominó "la comisión de la cuchara", que consistía en pedir una cucharada de alimento para los huérfanos entre todos los habitantes del gueto. Terminada la comida, los tomaban de las manos y hacían una ronda entonando alguna canción infantil que les diera esperanza y los arrancara de la angustia en que estaban sumidos.

Los más pequeños, que lloraban silenciosos en espera de que llegase ese algo de cariño indispensable para vivir, encontraban en Marie el calor de su bondad. Ella intuía que la enfermedad era generalmente un grito de reclamo de ternura, y los animaba con su alegría y amor. Los tomaba en brazos, los acariciaba y los besaba como la más cariñosa madre. Les hacía reír, les cantaba nanas y les contaba historias, acompañada de otros jóvenes del gueto. Y mágicamente iban llegando pequeños destellos de felicidad a sus trágicas vidas.

Cuando en la noche, alguno de ellos sufría la angustiosa experiencia de una horrible pesadilla que lo hacía gritar y revolverse en su cucheta, Marie aconsejaba a sus compañeros:

—No lo despierten, creo que no puede ser más tenebrosa la pesadilla que sufre que la realidad que vive en el gueto.

Su misión se había convertido en la más sublime manifestación de compasión humana orientada a esos desvalidos pequeños que vagaban por el camino que se traza entre la vida y la muerte, sin consuelo y sin amor.

De esta experiencia fueron naciendo varias escuelas clandestinas para niños y luego para jóvenes, quienes en el día, escabulléndose de algún modo de su trabajo esclavo, eran profesores y en la noche, eran alumnos. Jóvenes de apenas entre 14 y 18 años que, con heroico compromiso, dedicaban su esfuerzo, en medio del hambre, la debilidad y la miseria, para rescatar la esperanza de vida de esos entristecidos y solitarios niños, sobrevivientes del naufragio de la conciencia humana.

Y surgieron más comités que involucraban cada vez a un mayor número de voluntarios en esta misión de valentía y dramática resistencia.

De pronto, en medio de una atmósfera así, que se había convertido en la habitación del horror, comenzó a emerger una nutrida vida sociocultural, alimentada por todos los artistas que allí llegaron portando lo que era su razón de vivir: el arte.

Muchos habían abandonado sus cosas más preciadas en el camino al gueto, para salvar sus instrumentos musicales, partituras, sus pinceles y óleos, sus libros sagrados y de poesías. Se estableció un sistema de talleres artísticos y de bibliotecas para lectores clandestinos, que escapaban, por medio de la lectura, del infierno del gueto y de las incógnitas que se les planteaba al vivir a diario la muerte que les asechaba sin descanso, señalándolos con su dedo tembloroso.

Marie y Renate trabajaban tan intensamente que, a veces, olvidaban su desdicha y se sentían ilusionadas en llevar adelante los proyectos que diariamente crecían para favorecer a los más desposeídos y tristes protagonistas de la miseria. Y valientemente recorrían, junto a los demás jóvenes del gueto, la senda dolorosa que se tendía ante ellos, llena de incógnitas y tristes realidades, armados de coraje y decisión. A pesar de que la cotidiana vigilancia de los soldados paralizaba y congelaba sus pensamientos, ilusiones y sueños.

Sin embargo, había algo que no alcanzaban a comprender y que presumían era un hecho siniestro. Cada noche, las reuniones se hacían menos concurridas, pues los jóvenes y niños iban desapareciendo día a día.

Nadie sabía cómo ni por qué, a veces, algunas habitaciones amanecían vacías y, en las madrugadas, escuchaban una aterradora tempestad de insultos, alaridos y órdenes, sumadas a los gritos infantiles y el rugir de los motores. Los adultos lloraban estoicamente en silencio, sin que se colara información hacia los pequeños.

¡Los hombres justos se ayudan en las inmensas y hondas soledades y tragedias!

*****

Capítulo XII

> **Siento que me he adentrado en el corazón del pueblo judío y en esa fuerza que les permitió resistir en medio del horror.**

Asido del respaldo del asiento delantero, para evitar caer con los bruscos remezones del trolebús, sigo pensando en la historia de Renate.

Me detengo en un parque cercano para aliviar mi alma con la contemplación del verdor del pasto. Para leer historias en los troncos de los árboles y descifrar los trinos de los pájaros. Me tomo un café sentado en un pequeño bar, mientras inconscientemente escribo en la servilleta algunas fechas, frases y nombres que no quiero olvidar: Auschwitz, Desinfección, 1941, Reasentamiento, 1943, Chelmo, Tratamiento Especial, Treblinka…

Nuevas angustias atenazan ahora mi corazón. Nuevas preguntas acosan mi conciencia. Sin embargo, esa chispa de esperanza, que renace en medio de las cenizas, ilumina mi mente.

¿Cómo fue que, en aquellas *antesalas de la muerte*, se produjo ese misterioso y sublime rechazo a la pérdida de la calidad humana? ¿De qué manera los prisioneros lograron asirse espiritualmente de los poderes del arte, la música y la poesía como armas contra el temor, la humillación, la inseguridad y el dolor? ¿Cómo lograron esos jóvenes maestros, a sus escasos años, la fuerza de insuflar esperanza en las almas infantiles? ¿Cómo surgieron, en este trágico tiempo, esos niños-héroes que, con su canto, sus poesías, bailes y marionetas, hacían olvidar a los más pequeños la espantosa y macabra situación que vivían?

—¡El arte es un misterio! ¡Es el secreto de Dios que puede salvar una vida o, por lo menos, la salud espiritual del ser humano! —exclamo en voz alta.

—¿Me dijo algo el señor? —responde el cantinero.

—No, no es nada, sólo sírvame otra cerveza, por favor.

Busco, en el bolsillo de mi gabardina, una poesía que me diera Renate de un niño de 8 años, de los apenas cien sobrevivientes de los 15.000 que llegaron al gueto de Terezín.

> **El jardín es pequeño**
> **y oloroso de rosas.**
> **Por el sendero estrecho**
> **se pasea un niño.**
>
> **Chiquitito, pequeño, bonito,**
> **como capullo que nace.**
> **Cuando el capullo florezca**
> **ya no existirá el niño.**

Sin duda, ha sido la más grande manifestación de lucidez de la mente infantil que se ha dado en la historia del hombre. Estos heroicos niños usaron sus poemas y dibujos como las únicas armas de resistencia que tenían en sus manos. Su fe y su esperanza no fueron quebrantadas jamás por la desesperación, pese a que los nazis tenían trazado su plan macabro de torturas, desenfreno, humillación y exterminio, sin pensar que los pequeños parias que allí llegaban, podían esconder sentimientos bajo sus harapos.

Día a día, descubrían los criminales motivos de su encierro en los guetos y las verdaderas y macabras razones de las desapariciones misteriosas de la gente que vivía en ellos.

*El jardín es pequeño
y oloroso de rosas*

*Por el sendero estrecho
se pasea un niño*

*Chiquitito, pequeño, bonito,
como capullo que nace*

*Cuando el capullo florezca
ya no existirá el niño*

Otras manos infantiles escribían en los muros

Fumo otro cigarrillo y otro... y otro. Escribo en mi libreta de notas, mientras me repito: 15.000 niños... 15.000 niños... ¿Alguien puede imaginar lo que son 15.000 niños? ¿Alguien puede visualizarlo?

Una mañana gris y fría, Marie enfermó y los soldados se la llevaron a una barraca privada, en donde la cuidaban y alimentaban de manera solícita para que recuperase su quebrantada salud. Renate, desesperada y escurriéndose en la oscuridad de la noche, atravesó el patio y llegó hasta su amiga.

—¿Qué pasa, Renate? —le pregunta ella—. ¿Por qué has venido? No debes arriesgar tu vida, estoy muy bien. Mira, tengo una cama con sábanas y frazadas. Además, por mucho tiempo no había recibo una porción así de alimento. No comprendo por qué lo hacen.

—¿Qué tienes?

—No lo sé, sólo entendí a duras penas que es un mal contagioso, por eso me han aislado.

—Yo también quisiera enfermar, Marie; lo necesito. El hambre es tan atroz, que ansío una ración mayor de comida.

—Toma este vaso de agua del que bebí hace un momento. Es posible que así logres contagiarte y te asilen en otra barraca.

Renate y Marie comparten el agua una y otra vez con la intención de que el contagio se produzca.

En sus desquiciadas y antagónicas acciones, los nazis cuidaban a los enfermos con mucha solicitud, solamente para prolongar la agonía de sus prisioneros.

La enfermedad ofrecía la esperanza de una cama y una cucharada adicional de sopa, a pesar de que ésta no era sino una porción de agua con cáscaras de papa o zanahoria, pero que podía significar un día adicional de vida.

Mas, de otro lado, era también el riesgo de una inyección letal o el peligro de ser confinada en aquellas barracas, que constituían los bloques quirúrgicos y experimentales en los cuales médicos de las SS realizaban prácticas inhumanas con los prisioneros, para entrenarse y adquirir oficio… En las que cada sueño era, en sí mismo, la amenaza de un último despertar.

—Ahora, vete, no quiero que algún soldado te descubra. Seguro te matarían y no habrá quien continúe nuestra misión si muero ahora. Tú debes sobrevivir, recuerda que se lo prometiste a tu padre.

—Adiós, Marie, te extraño mucho, tú también debes vivir.

—Si no es aún mi hora, así será.

Renate sale escondiéndose entre las sombras de la noche, que van cambiando de color a medida que el sol comienza a ascender perezoso por los caminos del amanecer. Escucha una inclemente letanía de insultos y atrocidades que proviene de una casa del ala opuesta.

Se acerca sigilosamente y divisa, en la semi penumbra, a los soldados como fantasmas de algún rito cruel. Erguidos, frente a niños temblorosos y madres suplicantes que son arrastrados a golpes hasta un furgón que, luego de quedar atestado de personas, es cerrado con todas las seguridades posibles y enviado quién sabe a dónde.

Los soldados siguen indiferentes en su tarea, con sus miradas silenciosas y frías como tumbas, caminando por el sendero obscuro y espeso por el que se podría tocar la desdicha… ¡Ellos no viven, sólo están!

Renate trata de ingresar a su habitación, mas se detiene aterrorizada porque, en la misma puerta de ésta, se encuentran dos soldados conversando y fumando. Teme que esos ojos, centelleantes como rayos, traspasen la tapia y la descubran. Corre sigilosamente lo más lejos que puede, arrastrándose entre las sombras que apenas bañan el borde del muro, hasta el otro lado del patio del gueto.

Sus oídos se han acostumbrado a escuchar a los alemanes, tanto que casi alcanza a traducir su idioma. Y los oye hablando tras la pared contra la que ella se ha acurrucado en su intento de escapar.

—¿Por qué ese furgón se ha detenido tan cerca del gueto?

—No lo sé.

—Los alaridos van a ser escuchados por la gente.

—No sé por qué lo hacen.

—¡Mira… los soldados están parados demasiado cerca del furgón!

—He ordenado que todo el personal debe mantenerse alejado mientras se realiza el gaseado para evitar riesgos de salud en caso de que hubiese escape.

—Las ejecuciones con gas en los furgones adolecen de fallas y problemas. ¡Ya lo hemos advertido!

—He dado instrucciones al conductor para un buen manejo de la acción.

Este debía pisar el acelerador a fondo, para que, desde el tubo de escape del motor, el gas letal ingresara en grandes cantidades y las personas murieran por asfixia en forma inmediata, en lugar de adormecerlas primero. Los gritos serían menos fuertes y eso evitaría que, en algún momento, los soldados se sintieran psicológicamente afectados.

—Es preferible que la población no se entere, a pesar de que ya la gente de los alrededores, los llama "coches de la muerte".

—No sé de qué manera se está filtrado la información.

Renate aguza el oído y comienza a percibir los alaridos distantes que, en varias ocasiones, imaginó como el silbar del viento que corría entre la alambrada del gueto.

Aterrorizada se queda inerte en su escondite, llorando en silencio la muerte de las personas que vio subir al furgón. Eleva su fervorosa plegaria que, en medio de la soledad, parece sumarse a los sollozos de los ríos, los árboles, las montañas y el mundo que vive lejos del gueto, lejos del horror.

Finalmente, logra escurrirse y volver a su vivienda. Su alma ha caído en el pozo interminable de dolor. ¿Cuál misteriosa e ignota puerta de su mente se ha abierto de golpe para dar paso a ese huracán de angustia que la sacude?

No sabe qué hacer, qué pensar. Quiere hablar con Marie para contarle esta aterradora realidad. Siente el deseo ferviente de dejarse morir para no sufrir esa dramática experiencia. Mas, desde el otro lado de su conciencia, resuenan las palabras de su padre:

"Tienes que sobrevivir, hija mía. Se lo debes a tu pueblo. Es preciso encontrar, en cada caída, la fuerza para volver a levantarse. Sólo eso te permitirá soportar la vida que te espera. No claudiques, Renate, ¡no claudiques!".

Siente la tentación del suicidio, pues es tan fácil avanzar y solamente tocar la alambrada para morir instantáneamente electrocutada, pero su alma da paso a la razón y piensa que aún le queda una pequeña e inconfesada luz de esperanza en su corazón. "¿Y si lo logro?", se pregunta. "¿Si realmente logro sobrevivir al horror?".

Cierra los ojos y se deja caer en un sueño profundo que le permite volver a vivir esa vida que está al otro lado del muro. En la que el aire se funde con los aromas del pasado, regresándolos poco a poco: rostros, lugares, ilusiones, sentimientos. Y las voces del ayer vienen a buscarla desde los pasadizos secretos y mágicos de los sueños.

El día asoma ya su luminosa faz por la ventana, mientras Renate trata de encontrar, a tientas, las últimas imágenes para retenerlas un poco más. El cansancio y el terror la han adormecido y no puede alzar los párpados a pesar de que sabe que, si no acude a su diaria tarea, la arrastrarán a golpes, sin ninguna conmiseración.

Con el asombro e incredulidad del que ha descubierto la verdad que no quería conocer, se mantiene dentro de su cucheta con los ojos cerrados. Siente que está en otro mundo, en otra dimensión, en donde el sufrimiento no es tan agudo y cruel. En ese mundo silencioso, en donde las cosas se mueven con la pasividad de un hondo maleficio, como en una pecera.

Rueda por el profundo abismo de la depresión que, paso a paso, va minando su esperanza con la insistencia de un cruel y torturador verdugo bien entrenado.

Sólo desea morir... sólo desea morir.

El llanto amargo, como una lluvia tempestuosa, brota de su garganta finalmente, para descargar las nubes negras del dolor. Y llora..., llora hasta cuando sus ojos se secan y vuelven a cerrarse en el abandono total y misericordioso de la inconsciencia.

Despierta luego de algunos días, durante los que ha caído en un prolongado letargo. Escucha la voz de su amiga Marie, como el susurro leve del primer aletear de un ave.

—Renate... estoy aquí; soy yo, Marie. ¿Qué ha sucedido?

Como quien intenta mirar tras una espesa neblina, Renate observa aún sin reconocer el rostro de su amiga.

—Renate... soy yo, Marie.

—Marie... Marie, ¿sabías que...

Se interrumpe al ver, tras la figura de su amiga, la silueta erguida del soldado con un asomo de sonrisa en su rostro que, sin embargo, no logra disimular la mirada violenta y amenazadora de sus terribles ojos.

Renate, que ahora conoce la verdad, ve en el soldado la imagen de la más hipócrita complicidad. Callada, oculta y misteriosa como la de una religión.

—Tranquila, Renate, pronto mejorarás. Me han permitido cuidarte hasta cuando puedas recuperarte. Tranquila, ahora duerme y descansa que estaré a tu lado — dice Marie, sonriéndole desde el fondo de su mirada.

"No es posible", piensa Renate. No, después de lo que vio. No podía creer ya en ese criminal que genéticamente habitaba en cada soldado. Ese ser con apariencia de humano que, en cuanto se presentaba la oportunidad, volvía a sus niveles animales primitivos.

El se acerca amablemente y le entrega, con amorosa atención, un pequeño gato que es su mascota. Renate recuerda que su padre le decía:

"Nunca podremos conocer el verdadero trasfondo del ser humano. Muchos de los más tenebrosos y asesinos seres albergan un corazón sensible, en el que esconden un extraño e inentendible amor por animales y plantas. Pero eso no los hace menos despiadados y criminales a la hora de cumplir con su cometido cruel."

Renate trata de rescatar la esperanza que en su pecho anida con insistencia y, tímidamente —como cuando a veces alzamos la mirada en dirección al sol sin hacerlo de frente para no cegarnos— busca los ojos del soldado, en cuyo territorio, sin apariencia de vida y carente de alegría, vuelve a reinar la indiferencia.

¿Por qué esto ahora? piensa Renate

Ella no sabe que están esperando a los miembros de la Cruz Roja Internacional, a cuyos oídos han llegado ya los rumores del horror que se vive en los guetos. Los nazis están montando el tinglado para escamotear la verdad.

Renate y Marie constituyen para ellos las herramientas de sometimiento mental y emotivo de los demás habitantes del gueto.

*****

Capítulo XIII

¡Fue un frenesí homicida, una locura asesina que invadió el corazón del hombre en casi todo el planeta!

Un terrible dolor de cabeza me atormenta. He tomado ya algunas aspirinas, pero no logro vencerlo. Posiblemente porque, en mi angustia, he estado, sin pensar, envenenando mi organismo con tanto cigarrillo, mientras leía todos los libros que me obsequió Renate. En ellos he encontrado dolorosos testimonios de sobrevivientes de los guetos en que trágicamente murieron casi seis millones de judíos. ¡Es realmente algo pavoroso! ¿Cómo pudo suceder?

Y los niños… los niños…

Ellos me regresan a ese lugar inolvidable que llamamos infancia y que revive el mundo de las realidades ficticias. Ese lugar en el que podemos sentir profundamente. Donde somos protagonistas, aunque luego la vida nos vaya ubicando a un lado.

Suena el teléfono.

¿Quién puede ser a esta hora de la mañana? Es Renate.

—Mi querido amigo, no se atormente tanto. Sólo quería recordarle que, a pesar de que constituye un hecho sin precedentes, la Shoá es y será uno más de los genocidios que se han perpetrado.

Y rememora la historia que nos demuestra que el mundo dedicó todos sus esfuerzos humanos, científicos e investigativos a construir las más letales armas de destrucción masiva: atómicas, nucleares, incendiarias y biológicas. ¡Cuántas mentes al servicio del homicidio! ¡Cuántos cerebros privilegiados trabajando para "optimizar" esas maquinarias de la muerte! ¡Cuántos descubrimientos e inventos galardonados que cumplían macabros propósitos! No siempre los logros intelectuales, filosóficos y científicos van de la mano de la moral, la integridad y la compasión.

—¿En qué radica entonces la diferencia entre los sucesos del Holocausto judío, los crímenes de Hiroshima y Nagasaki, los exterminios de los indígenas de América, el genocidio de los kurdos y armenios y tantos otros Holocaustos que se han dado en la historia?

—La diferencia está en el asesinato organizado e industrializado a hombres, mujeres y niños, uno por uno, reduciéndolos previamente a la más atroz incapacidad de defender sus vidas, luego de proferirles toda clase de torturas, humillaciones y vejámenes. No fue una guerra. Fue realmente un fenómeno, imprevisto y complejo, en el que fueron extinguidas tantas vidas en tan poco tiempo, gracias a una combinación lúcida de ingenio tecnológico, fanatismo y crueldad. Pero el mundo ha visto muchos exterminios inconcebibles a lo largo de su historia.

—Eso no es un consuelo.

—En verdad, no lo es. Mas, lo que aterroriza comprender es que a pesar de tanta muerte, tanta indignidad, humillación y dolor, tanta inercia y complicidad, en el devenir de la historia vemos que ésta no ha mutado en su concepto de frialdad e indiferencia hacia la vida humana. Que la perversidad puede volver a ocurrir si se crean las condiciones necesarias y que el mundo mirará un día a los verdugos trastocarse en víctimas y viceversa.

—Y nuevamente serán protagonistas la indiferencia, la crueldad, el egoísmo, la complicidad.

—Y las religiones permanecerán indolentes y silenciosas. Los organismos internacionales bajarán sus voces y volverán a primar los intereses económicos y políticos mientras que los niños seguirán encontrándose con una muerte apresurada. Si nosotros apenas pudiéramos salvar a alguien, deberíamos considerarnos elegidos. "El que salva a una persona es como si hubiera salvado a todo el mundo", dice el Talmud y es posible que así sea…

—La capacidad del hombre de confrontar a las fuerzas malignas, nos muestra que aún en medio del terror, el bien sigue siendo posible.

—La bondad que anida en el corazón de algunos hombres, es aún una pequeña esperanza para la humanidad. Escuche esta increíble historia Juan:

En una madrugada fría y lluviosa, llegó al gueto un nuevo cargamento de víctimas de la crueldad. Eran los niños del asilo de huérfanos judíos de Varsovia. Vestían sus uniformes azules con golas marineras y gorras. Eran casi doscientos niños de varias edades, pero, en su mayoría, pequeños.

Lucían tranquilos, sin angustias ni penas en sus corazones, porque su profesor, médico y educador, los acompañaba atendiendo solícitamente todos sus deseos y necesidades. Henryk, se había dedicado por entero a la labor de rescatar la dignidad de la niñez y la juventud, considerando que su importancia radicaba en lo que eran ahora y no en lo que serían en el futuro.

Su vida no tuvo otra razón de ser, que la de atender como médico a los niños abandonados, solitarios y tristes que encontraba en su camino. En las calles y en sus humildes hogares. Muchos orfelinatos estuvieron a su cargo y fue el ejemplo vivo del sacrificio y cumplimiento del deber humano en el más alto sentido de la palabra.

—¿*Qué hace él aquí en el gueto? ¡Él es alemán!*—*se preguntaban muchos.*

—*Pudo haberlo evitado. Nadie lo habría obligado a venir.*

A pesar de que había sido acusado de difundir ideas radicales, ateas y masónicas, su importancia como médico y profesor de medicina en varias universidades, pudo haber evitado su deportación. Los médicos eran absolutamente necesarios para las SS, pues realizaban trabajos intensos de control de las enfermedades. En los guetos, proliferaban de manera incontrolable y ponían en peligro a la población activa de judíos, encargada de realizar las tareas necesarias para mantener la maquinaria de guerra, aniquilamiento y destrucción.

—¿Por qué ha venido, profesor? Usted no es un judío.

—Soy un médico, un maestro y eso es suficiente. Son mis niños, soy su preceptor y estaré con ellos hasta las últimas consecuencias.

Henryk miraba a los niños del asilo sentados en las veredas, comiendo aquello que a duras penas había logrado conseguir para mitigar su hambre. Recordaba con dolor cada una de las historias de estos pequeños, a quienes él había recogido de las calles luego de las incursiones de los nazis.

Niños que se habían ocultado bajo los cadáveres, en los pantanos, en las buhardillas de las casas deshabitadas y derruidas. Muchos de ellos fueron escondidos por sus padres, que sacrificaron sus vidas para evitar que los soldados los descubrieran.

Aterrorizados pequeños que, al regresar de la escuela, encontraban su casa vacía y ocupada por otra gente, porque sus padres habían sido enviados a la muerte.

¿Cómo podría abandonarlos ahora cuando sólo lo tenían a él?

En una terrible tarde de octubre, presenció con horror aquello que los nazis llamaban el "kinder aktzie". Operativo durante el cual capturaban a todos los niños para llevarlos a las cámaras de exterminio, en medio de los gritos desesperados de sus familiares.

Las calles quedaron huérfanas de presencias infantiles. Silenciosas y tristes, sin risas ni juegos. En las puertas de las casas, muñecas, caballitos, coches de madera y otros juguetes esparcidos por doquier... ¡mientras en el barrio no quedaba ni un solo niño!

Recuerda también una noche que descubrió en un pantano, casi flotando, a dos cadáveres; al acercarse vio apenas el rostro pálido y desencajado de un niño que había sobrevivido asido de una rama. Se acercó tanto como pudo y lo haló hasta él, a pesar de que el niño aterrado no quería soltarse. Cuando finalmente lo tomó en brazos, lo limpio, lo acunó. Entre sonrisas y lágrimas le preguntó:

—*¿Qué pasó contigo, ¿Quién eres? ¿Eran ellos tus padres? ¿Qué edad tienes, mi niñito?*

Él le respondió:

—*Debo ser mayor que tú.*

—*¿Por qué lo crees?*

—*Porque pasé cien años dentro de este pantano. Porque veo que tú ríes y lloras como cuando yo era pequeño y ahora ya no puedo reír, ni siquiera llorar. Por eso creo que debo ser mayor que tú...*

Esos eran sus huérfanos y ésas sus tristes y desgarradoras historias. Él sólo podía darles su amor, su compañía y atenderlos hasta el último aliento de vida que le quedara.

Sabía que, un día cualquiera, los opresores asesinos entrarían al gueto y los conducirían irremediablemente al campo de exterminio. Ese era el mundo en el que les tocó vivir y en el que, día a día, esas inocentes criaturas, doloridas y maltratadas por la vida, debían continuar con su peregrinaje hacia el más allá. Niños que habían sufrido, en su alma y en su carne, los estigmas de la persecución y la esclavitud.

Y el día llegó. Entraron los soldados y comenzaron a ordenar a los pequeños en filas para conducirlos al transporte que los llevaría al andén y de allí a las cámaras de gas.

—*Usted no tiene que ir, her Doctor. Es un "kinder aktzie". Además, usted es alemán —dijo un soldado.*

—Estos niños son mis niños y han sido mi única razón de vivir. Por lo tanto, iré con ellos.

—¿Usted sabe a dónde van?

—A Auschwitz, ¿verdad? Al campo de exterminio.

—Sí, señor.

—Pues yo iré con mis niños, no los abandonaré. El futuro eran ellos. Ahora ustedes están matando ese mañana promisorio que creaba para mi nación. Sin ellos, tampoco tengo un futuro al cual aspirar.

Y, rodeado de sus niños, avanzó heroicamente hacia las cámaras de exterminio nazi, como la dramática culminación de una vida dedicada al servicio. Coherente entre el hombre y el educador, llevando en sus labios la palabra de amoroso consuelo, su visión de maestro y sus ensueños de poeta.

*****

Capítulo XIV

Preservar y defender los valores morales básicos del pueblo judío significaba perder mil batallas para ganar una guerra.

—Veo que, en la historia del Holocausto, confluyen y se amalgaman los dos rostros del ser humano. Mientras un lado luce la cara siniestra de la crueldad, el egoísmo y el crimen despiadado de los corazones cegados por la ambición, el fanatismo y el poder, el otro lado nos demuestra la capacidad del hombre para realizar extraordinarios actos heroicos y conmovedores gestos de solidaridad que, de igual manera, traspasan los límites de la comprensión racional.

—Nunca se dieron tantas figuras antagónicas del bien absoluto y el mal absoluto como en el Holocausto. Esa es solamente la manifestación del heroísmo espiritual vigente por toda la historia de la humanidad.

—Creo, Renate, que la memoria debe mantener vivos a unos y a otros, para que los hombres no olviden de lo que son capaces. No olviden las dimensiones de sus odios y sus sacrificios a la hora de actuar… ¿Quién vigila en este extraño observatorio de la conciencia humana para advertirnos la llegada de nuevos verdugos?

—En estos dolorosos sucesos, vemos que el amor y el odio se compenetraron misteriosamente. Pero, en alguna parte y entre nosotros, podría estar germinando la semilla de un nuevo monstruo ¿No cree? ¿Cómo pudo su pueblo enfrentar la muerte con tanta dignidad y coraje? ¿Qué les permitió vencer a la tentación del suicidio, del homicidio?

—No se lo puedo explicar. Pienso en ello como el ejemplo de la más grande y valerosa fórmula de resistencia pasiva que se ha dado en la historia judía.

—¿No cree que quizás fueron atrapados por sus propios hábitos culturales, aferrados a sus costumbres y su religión, creyendo que éstos tendrían más poder que la fuerza criminal nazi? El pueblo judío jamás ha podido integrarse a otras culturas, llegando a ser los verdaderos creadores del concepto de *gueto*. ¿Esperaron, tal vez, otro de los milagros que en épocas bíblicas los salvaron?

—La esperanza y la fe ayudaron a nuestro pueblo a sobrevivir, aún a pesar de la masacre.

—Pero esa fatal esperanza los precipitó también al infierno inenarrable del Holocausto.

—Es una contraposición entre el fracaso de la conciencia humana, la muerte de la justicia y el triunfo de un pueblo que supo resistir con dignidad y valor.

—¿Por qué resistir y no luchar?

—No crea —como lo creyó el mundo entero— que nuestra gente permaneció sumisa e indolente. A pesar de la desigualdad de sus fuerzas físicas y militares, hubo grupos que supieron enfrentar con un valor extraordinario a los soldados nazis.

Las batallas por la libertad del ser humano se iniciaron desde su aparición en la faz de la tierra y seguirán vigentes mientras exista, pero hay diferentes formas de lucha —reflexiono

—¿A pesar de que ello exigía el sacrificio de la propia vida?

—Piense usted, mi amigo, si cada minuto de su existencia significara un combate. Si cada minuto de esa vida significase minar su dignidad de ser humano. ¿Por qué no entregarla por salvar a unos pocos pisando los escenarios de la historia con una página heroica? ¿O desafiar, con un testimonio de vivo, el designio nazi de impedir el registro de sus crímenes?

Los deportados seguían llegando día a día.

Y, llegó Patrick, un joven delgado y alto, con su cabello revuelto y chispeantes ojos negros envueltos en profundas ojeras. Portaba el estuche de su violín. Entró al gueto silbando entre dientes una canción y esbozando una casi sonrisa de ironía.

—*Extraño joven* —*dijo alguien.*

—*Es un partisano, ¿sabías?*

—*¿Un partisano? ¿Qué significa partisano?* – *pregunta Marie.*

-*Son aquellos guerrilleros judíos que se esconden en los bosques para pelear. Es una célula de resistencia activa judía, que intenta de algún modo sublevarse ante tanta iniquidad, muerte y dolor. Junto a ellos también se han agrupado heroicamente algunos alemanes y otras naciones sometidas, disidentes del nazismo.*

—*Pero… ¿tan joven?*

Muchos niños, que habían logrado sobrevivir escondidos en los bosques, sirvieron de enlace para la resistencia activa; por eso fueron considerados partisanos. Fue una forma de ofensiva subterránea; una guerra de guerrillas. Vivían reducidos generalmente dentro de túneles y ocultos en lugares que adecuaron bajo la tierra.

Patrick está sentado en un rincón del pasillo, envolviendo con sus brazos las rodillas y silbando su eterna canción entre dientes.

Marie lo mira con curiosidad e interés. Patrick se percata y como respuesta le guiña un ojo. Ella sonríe con agrado por ese gesto inusual.

–¿Cómo te llamas?

–Marie.

–Marie, Marie, he observado que todos te buscan y te quieren. Te piden consejo y permiso para actuar. ¿Quién eres?

–Simplemente Marie

–Está bien, "simplemente Marie"–dice él bromeando y se establece de inmediato un vínculo de afecto entre los dos.

Renate se acerca y le increpa:

–¿Por qué estás allí sentado? ¿No ves que hay mucho que hacer?

–Estoy ocupado… recordando –dice mientras fija su mirada en un punto lejano y vuelve a silbar entre dientes.

-¿Recordando? Todos tenemos cosas que recordar, bellas y trágicas, pero, ¿qué recuerdo puede ser tan importante que te impida trabajar?

-¿Quieres saberlo? Siéntate aquí conmigo y escucha…

Yo tenía una madre, un padre y una hermanita pequeña, ¿sabes? Tratábamos de llegar al bosque para escondernos allí, guiados por unos vecinos que, como tantas otras familias, lo habían logrado. Vivían algún tiempo en ese lugar, peleando contra los asesinos nazis.

De pronto, unos soldados alcanzaron a mis padres y a mi hermanita, mientras ellos me gritaban:

-¡Corre, Patrick! ¡Corre, hijo mío, corre!

Yo corrí desesperadamente hasta internarme en el bosque, mientras las balas pasaban silbando por mis oídos. Cada fuga de un judío desataba inhumanas y feroces cacerías.

Cuando llegué al sitio del escondite, los que allí vivían me impidieron que regresara. Mientras tanto, a mis padres y a mi hermanita los metían a golpes y patadas en un edificio dentro del cual se escuchaban escalofriantes alaridos humanos.

—¡Quieto, Patrick! —me decían los demás—. Ya no puedes hacer nada, ya no puedes hacer nada— mientras yo forcejeaba y trataba de evadir la mano que me impedía gritar. Sólo podía mirar.

Una figura, con uniforme de las SS, trepó a una escalera colocada en dirección al techo del edificio. Con agilidad felina, se puso una máscara antigases y guantes. Por un orificio del techo, vació una envoltura de un polvo blanco, alejándose luego del edificio a toda carrera.

Se escuchaban gritos desgarradores, ¡tan espeluznantes que podrían viajar hasta el otro lado del planeta!

Sobrevino un aterrador silencio. De pronto, las mujeres que vivían escondidas en el bosque, comenzaron a suplicar y sollozar, mientras los hombres decían:

—¡Ya pasó, ya pasó, ya están todos muertos! ¡Está todo tranquilo, ya pasó!

Yo temblaba sin poder articular palabra. Miraba con los ojos desorbitados que el edificio vomitaba, por las altas chimeneas, humo espeso y oscuro olor a grasa y cabellos quemados. Chispas volaron después, convirtiendo el cielo en un manto de fuego.

—¡No! No puede ser! —gemía yo. ¡Malditos, asesinos! ¡Lo van a pagar, lo van a pagar!

Había presenciado el asesinato de cientos de personas inocentes, entre ellas, el de mi familia.

Renate baja los párpados para que él no vea, que los recuerdos de aquellos "coches de la muerte", que conoció una noche, habían llenado sus ojos.

—¿Cómo tuviste la fuerza y el valor para soportar eso, Patrick?

—Es la fuerza del amor.

—Y, por qué estás aquí y no en el bosque?

—Ésa es otra historia —dice él mientras vuelve a silbar entre dientes su canción.

Renate se aleja rumbo a su vivienda, mientras Patrick sigue en la misma actitud, mirando un punto fijo en la memoria.

¡Se siente tan feliz! ¿Quién podría estarlo en medio de ese infierno de ignominia y humillación?

Había cumplido la promesa que se hizo desde aquel día en que presenció el asesinato despiadado y macabro de su familia… Acudió a la cita que él mismo se había propuesto: ¡al sacrificio o a la gloria!

A pesar de la masacre, la humillación y el dolor a los que su pueblo había sido sometido, no habían logrado convertirlos en animales. No lo serían mientras exista quienes trataran de resistir para conservar su rostro humano.

Silba otra vez la canción que aquella mañana tocaba en su violín en la puerta de la iglesia, fingiendo ser un niño mendigo. Con ella logró la atención de un soldado de las SS que entraba empujando a todos, con la arrogancia que el poder le confiere al hombre desquiciado.

—¡Qué bien toca el violín, el pequeño mendigo! —dijo con sorna, mientras le sonreía.

—Gracias —dijo Patrick levantándose y saludándolo con una reverencia, mientras podía percibir el temblor de sus escuálidas rodillas.

—¿Quieres tocar en el casino de oficiales para nosotros? Tendrás tu paga, además de la comida.

Patrick quedó petrificado sin saber qué contestar.

—¡Miren al tonto! —decía, dirigiéndose al resto de la gente con un gesto de desprecio, ¿Prefieres ser un mendigo?

—¡No! ¡No! Claro que lo haré señor, muchas gracias.

Patrick acudía a los almuerzos y las cenas, portando su violín en un viejo estuche de madera. Observaba todo muy cuidadosamente, informando de ello a los partisanos cuando, en la noche, regresaba a hurtadillas al bosque. Mientras tocaba, memorizaba todos los números de las unidades militares, escuchaba sus conversaciones y conocía los movimientos estratégicos que planificaban.

El edificio en el cual inmolaron a su familia estaba a unos 300 metros de distancia. Lo miraba todos los días desde la ventana del casino de oficiales y se juraba que lo destruiría. Sabía que seguía siendo utilizado para los mismos macabros propósitos…

Cada noche, antes de regresar al bosque cuando se levantaba la guardia de las SS, rondaba por el edificio, buscando un lugar para instalar una mina y hacerlo volar en mil pedazos, junto a todos los criminales que allí existían y el recuerdo doloroso de tanta crueldad y tanta muerte. Cada día, desde la ventana, miraba el lugar mientras tocaba el violín, maquinando la explosión.

Ahora le quedaba la difícil tarea de transportar el material que, con ayuda de los partisanos adultos, había preparado. Debía pasar tranquilo delante del guardia, portando cada vez algo de la bomba explosiva en su estuche de madera.

Y el día llegó, y los oficiales se divertían, reían, bailaban, jugaban barajas y se bañaban en licor, sin percatarse que las horas pasaban veloces. El corazón de Patrick latía ferozmente, mientras veía girar las manecillas del reloj.

Luego de correr como la más veloz de las gacelas hacia el interior del bosque, escuchó una tremenda explosión que sacudió la tierra. Cuando vio entre las ramas de los árboles teñirse el cielo de rojo, levantó sus puños y gritó tan fuerte como pudo, para que desde el otro lado de la vida, sus padres y su pequeña hermanita Klara lo pudieran *escuchar.*

Esa noche durmió en medio del bosque, cobijado por los árboles y observado por la platinada luz de la luna que, por primera vez, lucía para él diáfana y transparente en su majestuosa presencia. Su sueño, ahora tranquilo, fue arrullado por los búhos que parecían emitir exclamaciones de admiración. Aspiró al fin el aire perfumado por las flores del sendero, sobre las que dejó caer su tembloroso cuerpo.

Al día siguiente, lavó su cara en el arroyo. Se alisó un poco los cabellos, arregló su raída camisa y colocó su estrella de David en donde todos la pudieran ver.

Salió caminando lentamente, mirando por última vez los árboles y las flores, silbando y silbando su canción. Llegó a la parte "aria" de la ciudad, en donde la vida continuaba tan normal como siempre, ante los asombrados ojos de Patrick, que venía de otro planeta.

La gente lo miraba con desconcierto:

¡Cómo un joven judío transitaba libremente por las calles!

Sintió el golpe en la nuca que estaba esperando y unas férreas manos lanzándolo al transporte que lo llevaría directamente al gueto.

***

—¡Patrick! ¿Sigues recordando? —dice dulcemente Marie. Él le sonríe y estira lentamente sus piernas y va tras ella, que rápidamente lo conduce a un lugar donde se encuentra una gran cantidad de deshechos. Cosas inservibles, libros y cuadernos inútiles, tablas, lámparas rotas, zapatos, utensilios de cocina en desuso, ropa envejecida y un sinfín de elementos más.

—¿Y eso?

—Usa tu ingenio —le dice Marie—. Haz algo útil con esto. Todo es necesario en el gueto. Sé que eres un joven inteligente y que eres bueno, percibo tu santo interior. La gente aquí vive una agonía constante y una depresión tan inmensa que le impiden tomar acciones para mejorar la vida. No podemos permitir que esto se pierda en medio de la inercia. ¿Quieres poner a prueba tu imaginación?

Él la mira alejarse con una gran sonrisa.

"Ella es alguien especial. Alguien que me ha hecho sentir que aún soy bueno para algo", piensa Patrick, mientras sigue silbando su canción y removiendo el montón de desechos hasta encontrar aquello que le encienda la chispa del interés.

—¡Maravillosa niña Marie! Mira lo que traigo para ti —dice Patrick, mientras deposita a sus pies una gran cantidad de elementos de uso diario que ha construido, arreglado, refaccionado y añadido: valijas, zapatos, gorros, bufandas, abrigos... y más para los huérfanos del gueto.

Marie se acerca y pone un beso en su mejilla y ese solo beso, enciende entre los jóvenes la llama del amor.

Desde aquel día, Marie siente que la presencia de Patrick la acompaña en todo su trajinar. En medio del frío, el hambre y el dolor. En las noches, sus almas se encuentran en el espacio infinito, a través de esa fuerza incontenible y poderosa del pensamiento, que es capaz de derribar las barreras del tiempo y la distancia. Una pequeña luz desde sus ventanas les da la señal de que sus corazones están inmersos en ese sentimiento invencible, que ha logrado llevar la frecuencia de la vibración del miedo hacia el amor, en medio de ese mundo de angustia y destrucción.

Patrick se dedica con entusiasmo a la fabricación clandestina de elementos de uso diario a partir de los deshechos del gueto, sacrificando muchas horas de descanso. Exigiendo más esfuerzo a su cuerpo ya agobiado por el trabajo esclavo del día y evadiendo a duras penas la estricta vigilancia. Sólo desea ser útil por un tiempo más... un tiempo más.

Sabe que, en cualquier momento, una tempestad de insultos y golpes lo conducirán al campo de exterminio sin remedio. Un final no programado, porque, a veces, los soldados lo hacen por aburrimiento, para salir de la rutina. Cualquier pretexto es bueno para las agresiones, los castigos y las humillaciones. Por eso, cada día es un camino sembrado de un temor constante e ininterrumpido.

Piensa en Marie y comprende que ese amor inmenso y sublime no exige nada. Que no tiene presente ni mañana; es un lazo que los ata por toda la eternidad y diluye el espacio terreno, volando hacia el infinito intemporal y eterno. Ese amor recién nacido en medio del dolor, la soledad y el silencio, y que, sin embargo, podría tener la edad de toda la humanidad.

¡El amor no busca otra causa y propósito que el amor en sí mismo, ni siquiera gratitud!

Cuando las otras jovencitas del gueto se percatan de sus amores, embroman a Marie.

—Él es el joven más apuesto e inteligente de todos, ¿por qué no lo compartimos?

Marie sonríe.

—Está bien —dice—. Para mí quiero sólo el corazón, porque lo quiero libre. No gusto de aquellos corazones esclavos de la mente.

Una terrible noche, mientras Marie dormía, entró un soldado derribando la puerta de un solo golpe de su bota. Ante las ateridas miradas de los niños, la arrastró de un brazo con violencia y la llevó a su habitación. Los niños sólo alcanzaron apenas a escuchar los gritos y las súplicas de Marie viajando desde la distancia. Luego, un aterrador silencio.

En la madrugada, regresó Marie, más pequeña y silenciosa. Encorvada, frágil y sollozante. Se acurrucó en su cucheta sin decir una sola palabra. Se asomó para mirar a Patrick, que había permanecido ansioso, esculcando desde la distancia de su ventana enrejada. Con sus miradas clavadas en los ojos, los dos lloraron su dolor.

A partir de aquel día, ese soldado enviciado irrumpía violentamente en cualquier momento para llevarse un niño, sin distinción de edad o sexo. Esto no parecía importarle.

Niños, ateridos, temblorosos y avergonzados, volvían a sus cuchetas en perpetuo silencio.

*****

Capítulo XV

> **¿Es tal vez una vida que, girando en torno a ese infinito universal de las ideas, viaja hacia mi mente y la posee?**

La luna llena ilumina con su luz toda mi habitación. Estoy a oscuras, tendido sobre la cama y con los ojos abiertos. Tratando de entender. Pero ¿qué puede entender del dolor, la vergüenza y la humillación, alguien que, en realidad, jamás los ha experimentado?

Sin embargo, pienso en cada momento de la vida de esas personas. Me veo a mí mismo en tales circunstancias y me estremezco de terror, pues no creo ser capaz de soportar tanta ignominia.

Pero tengo que escribirlo. ¿Y cómo lo haría?

Cuántas veces al escribir me he llevado las más inesperadas sorpresas. En ese momento, soy consciente de que sabía aquello que no creía saber. ¿Es que tanto buscar la verdad, la capturo con mi pensamiento en el espacio de la sabiduría infinita? ¿Es que ese lugar inolvidable de la niñez tiene un cofre donde reposan los recuerdos y vivencias, como semillas que esperan el sol para germinar?

Y continúo intentando comprender esos vaivenes del alma, entre el entorno y el interno, que permitieron a los judíos sobrevivir a tanto horror.

¿Tal vez el amor? El amor a su pueblo, su tradición, su historia…

"El amor es casi Dios", me digo. El amor lo puede todo. Es la fuerza capaz de transformar al mundo y de protagonizar los milagros más sublimes y hermosos de la vida y del universo. Es esa vibración del alma, a los más altos niveles, la que abre la puerta genética que nos acerca al estado de máxima perfección. El amor es la verdad última del corazón de la creación.

Sólo a través de esta humana explicación puedo entender la heroica capacidad de resistencia espiritual y física.

He dormido muy poco y siento mi cuerpo dolorido. Son las tres de la tarde y no experimento ningún deseo de enfrentar este nuevo día.

Me levanto de la cama, desganado y deprimido. Esta depresión que no me abandona desde el día en que conocí a Renate.

¿Cómo una historia ajena puede sacudir el alma de este modo? Es posible que sean historias que llevamos dormidas dentro de nosotros mismos y que han sido expulsadas al exterior, ante el conocimiento de las vivencias de otras personas.

¿Cuántas veces, desde la infancia, me habré sentido discriminado, humillado, atropellado? ¿Cuántas veces yo mismo habré experimentado sentimientos de xenofobia, discriminación o menosprecio a otros, por ser diferentes? ¿Cuántas veces he sido prisionero de un deber, de una relación, de un dogma, de una tradición? ¿Cuántas otras pude haber sido fugitivo de mí mismo, o de la incomprensión, la indiferencia y la mezquindad del mundo? ¿Cuántas ilusiones, esperanzas y afectos he visto morir, sin poderlo evitar?

¿Cuántos personajes de mi propia historia habrán tenido perfiles nazis?

De pronto, el recuerdo del *alemán* invade mi mente y comienzo a cuestionarme sobre aquellos Secretos Protocolos de Sión. ¿Qué terribles misterios encierran? Mi mente funciona como una computadora con sólo tocar el comando de la memoria y salta a ella en forma abrupta el recuerdo de la lectura de la obra de Hitler, en la que fundamenta su política de exterminio en el descubrimiento de dichos Protocolos.

—Debo conseguir esa información. Tengo que saber qué provocó aquella locura asesina en el corazón del pueblo alemán —me digo, mientras voy hasta el buzón de la puerta, en el que veo acumulados varios periódicos de fechas pasadas.

Tomo el del día anterior y, en la segunda página leo un artículo de la Ópera infantil en la cartelera cultural.

-¡Diablos! —exclamo ¡Es hoy! No puedo dejar de asistir. Tengo que saber qué relación existe entre la Ópera y Renate.

Tengo apenas tiempo para correr al Diario y entregar una nota sobre a ese funcionario público estafador que, burlando a la justicia, logró evadirse por la región más remota de nuestra frontera con Perú.

Subo apresurado al trolebús y llego hasta mi oficina, en la que me esperan varios papelitos, pegados en el franelógrafo, con las órdenes para la semana próxima. Leo con avidez si hay algo respecto a la Ópera y encuentro una nota que dice:

"Juan Díaz, espero un reportaje amplio y explícito sobre esa Ópera Infantil".

-¡Vaya, qué suerte! —exclamo—. De todas maneras pensaba ir, pero esto me permite hacerlo con más antelación. Quiero ingresar a los camerinos y conversar con la gente de tramoya, el director de la orquesta y, tal vez, el productor del espectáculo. Necesito mucho material, mucho trabajo y mucho tiempo para elaborar el reportaje que me ha solicitado mi jefe.

Tomo un ligero almuerzo, mientras leo con interés el aviso publicado en la prensa. Apenas si hay unos minutos para llegar al Teatro y entrevistar a alguno de los personajes.

La puerta está cerrada aún, pero mi credencial de periodista me permite el ingreso al enorme escenario del Teatro Nacional de la Casa de la Cultura Ecuatoriana. Los sonidistas e iluminadores se encuentran atareados. Como de costumbre, llevan varias horas de retraso en la instalación de sus equipos.

Desde el escenario, diviso una solitaria figura en medio de la oscuridad, sentada en la última fila de butacas.

–¿Es Renate? Sí, sí, es ella…

–¡Hola, Renate! ¿Qué hace aquí sola y con tanta anticipación?

–He venido a recordar y para eso debía estar sola por un momento –dice con voz profunda.

–¿A recordar? ¿Qué tiene que recordar?

–¿Nunca se lo dije?

–Nunca… ¿de qué se trata?

Las palabras fluyen de su garganta cargadas de emoción, mientras una sonrisa luminosa se dibuja en su rostro y sus ojos adquieren nuevos destellos.

–No lo sabía, Renate… Nunca me lo dijo. ¿De manera que usted fue una de las niñas que cantó en esta Ópera? ¿Es una de los apenas cien niños sobrevivientes del Gueto de Terezín? ¿Por qué nunca me lo dijo?

–¿No se lo dije?...

El gueto estaba revuelto. Toda la gente preparaba, por orden de los nazis, el escenario de la farsa para mostrarlo a los supervisores extranjeros de la Cruz Roja y otros organismos de defensa internacional.

Un inspirado músico, proveniente de una familia judeo-checa, Hanz Krása, confinado al gueto, había logrado interesar a los niños en una obra que constituía, en sí misma, un canto de libertad.

Se trataba de una Ópera infantil que llevaba el nombre de su personaje principal Brundibár, el organillero. Fue creada en una tesitura que no ofrecía dificultades para las voces de los niños. Apoyada en la orquestación compuesta por los virtuosos instrumentistas que el creador y director tenía a su disposición en el gueto, entre los que se contaba Patrick, el joven violinista partisano.

Era una obra basada en un cuento infantil aparentemente inocente; sin embargo, llevaba implícita una segunda lectura, a través de la cual los niños alimentaban su esperanza de libertad día a día.

Los pequeños actores realizaban sus prácticas cada noche en la clandestinidad, sosteniéndose apenas en sus esqueléticas piernas, Actuaron en la obra por muchas oportunidades, realizando los carteles de convocatoria con sus propias manos, para exponerlos en los corredores por los que los nazis no transitaban.

Durante sus horas de intenso trabajo esclavo, tarareaban sus áreas y repasaban sus movimientos escénicos, sin que los soldados se percatasen de ello. Esto, se convirtió en la compañía permanente de las enfermedades, la nostalgia y la infinita soledad que los rodeaba.

Fue una manera de lograr disipar tanta tristeza, tanta hambre, tanta miseria.

Sin los elementos necesarios, sin instrumentos musicales, sin vestuario, se dieron tantas funciones dentro del gueto que, cuando lo descubrieron los soldados y ante los atónitos ojos de los prisioneros, fue sonoramente aplaudida. Era la fórmula mágica que encontraron para engañar al mundo, mostrándola como la prueba de que ese gueto era un paraíso en el que se fomentaba el arte y la cultura.

Pero la realidad era tan distinta que el Director tenía muchos niños para reemplazar a los pequeños artistas que a diario morían de desnutrición o eran enviados a las cámaras de gas.

En este aplastante ambiente, hubo artistas que crearon maravillosas obras musicales, literarias y pictóricas. Ninguno de ellos sobrevivió al Holocausto, pero todos fueron fieles a su vocación humana y participaron activamente en la vida cultural del gueto. Directores de orquesta, instrumentistas, cantantes, directores de coro y corautas se sumaron a este propósito

Para las autoridades nazis tenía un valor propagandístico incalculable, por lo cual permitieron realizar el montaje de toda esa máscara cosmética. A través de ella, pretendían mostrar al mundo la benevolencia de Hitler hacia los judíos. A pesar del muro tras el que pretendían cubrir las atrocidades del régimen, la verdad había comenzado a filtrarse.

Aunque no disponían de partituras, los músicos y cantantes memorizaban sus partes y pronto la vida cultural de este gueto comenzó a trascender.

Cuando finalmente la presencia de los representantes de la Cruz Roja se dio, los músicos habían preparado la Ópera infantil Brundibár y el Réquiem de Verdi, que fue sonoramente aplaudido por los asistentes. Ellos no comprendieron que era la misa de difuntos de los propios participantes. Su despedida final del mundo y de la vida.

Dos días después, el transporte de la muerte llevaba a los artistas niños y adultos a las cámaras de gas de Auschwitz, entre ellos, al compositor y director de la Ópera infantil, Hans Krása, y al violinista, Patrick, el valeroso joven partisano.

Los niños del gueto sintieron hondamente su muerte. La voz del organillero se sumió en el silencio, mientras otros corazones infantiles dejaban de latir para siempre en las cámaras de la muerte.

Desde los recodos luminosos del recuerdo, sus miradas sentenciaban: ¡Asesinaban a los niños para matar con ellos el futuro de un pueblo!

Realizando los carteles con sus propias manos

Marie, Renate y los jóvenes que habían logrado resistir al horror estaban ahora vencidos. Sentían que perdieron su última batalla.

Lágrimas silenciosas caían en el alma de Marie aún a sabiendas de que allá, en otros cielos, Patrick la estaba esperando y que también ella se encontraría en breve, cara a cara, con la realidad de su propia muerte.

Se suspendieron las reuniones, los proyectos, los talleres, las bibliotecas. Ahora yacían, cada noche, inertes en un rincón del gueto como una premonición, comprendiendo con temor que, algún día, sus corazones se hundirían en las aguas turbulentas del hambre, la desolación y el dolor.

Eran apenas aves sin alas que en vano intentaban retomar su vuelo.

*****

Capítulo XVI

Estábamos inmersos en ese especial sentimiento que invade a quienes parece unirles algún lazo no terrenal.

La voz de Renate se quiebra en la última frase del relato. Tomo su mano fría, húmeda y temblorosa y la aprieto entre las mías. El telón se levanta y sale al escenario un niño ciego, envuelto en brumas, vestido con aquel horrible género de franjas negras y blancas, a cuya imagen le correspondió el lugar más infame de la historia.

Una canción judía resuena en el auditorio que se ha llenado hasta la última localidad.

Dos gruesas lágrimas ruedan por las mejillas de Renate mientras repite en un susurro cargado de devoción:

–Brundibár... es Brundibár.

Comienza la Ópera y salen al escenario muchos personajes, mientras ella va hilvanando sus propios recuerdos.

–Ésa era yo, mire, Juan, esa niña era yo... Y esa también, y ésta y aquella... A pesar de mi voz desafinada, fui reemplazando a cada una de las niñas que morían de hambre y de pena o eran confinadas a los campos de exterminio. Llegué a representar hasta a *Aninka*, el personaje principal. Esa era yo... esa soy yo... esa sigo siendo yo.

Cuando la obra terminó en medio de los sonoros aplausos del público, acompañé a Renate hasta el *lobby* del Teatro. Ella me tomó de la mano y me dijo:

—Venga conmigo, quiero enseñarle algo.

Nos detuvimos frente a una urna de cristal que había sido colocada expresamente para la noche del estreno. En su interior, lucía un libro abierto y envejecido, en cuyas páginas se leía claramente una poesía en *hebreo* de un niño muerto en los campos de exterminio de Auschwitz. Renate la fue traduciendo para mí:

Hoy he visto la última mariposa del gueto.
La última fue, última de últimas.
Tan satisfecha, amarga y colorida,
que quizás por los quebrados resplandores
de las rocas blancas, parecía amarilla,
y que extendiendo sus alas hacia el cielo
voló a besar el fin de mi mundo.

Hace siete semanas que estoy aquí.
Aquí me encontrarán mis queridos.
Me llamó esa flor, que está también aquí.
Y el castaño en flor me tiende sus ramas;
pero, una mariposa aquí no vi.
Y ésa era la última, última de últimas…
¿Por qué no hay mariposas en el gueto?

—Dios ha protegido esta poesía, acompañándola en su tránsito por el mundo hasta nuestros días —dice, mientras besa las puntas de sus dedos y las posa en el cristal de la urna con devoción.

Nos quedamos aún mirándonos un momento sin saber qué extrañas sensaciones rondaban por nuestras almas. Estábamos inmersos en ese especial sentimiento que invade a quienes parece unirles algún lazo no terrenal.

—¿Desea acompañarme a tomar una taza de café?

—Gracias, Renate, yo la invito.

Nos acomodamos en el pequeño rincón de un salón de té ubicado a unas cuadras del Teatro. Muy cerca de nosotros se encontraban algunos judíos, también asistentes a la Ópera. Hablaban y especulaban acerca de las motivaciones que los alemanes tendrían para rescatar las memorias y los documentos encontrados en los guetos nazis tantos años después de la guerra. Se sabe que las nuevas generaciones de alemanes, avergonzados de las terribles acciones de sus antecesores, sacaron a la luz los acontecimientos que fueron en gran parte desconocidos para ellos. Rescataron todas las obras de arte encontradas en los guetos, cerrados por muchos años para guardar las pruebas de los dolorosos sucesos, y dieron a conocer al mundo los logros artísticos de los prisioneros.

—Renate —digo con suavidad— ¿qué sabe usted sobre los Secretos Protocolos de los Sabios de Sión? ¿Qué clase de información contienen estos documentos?

—Mi querido amigo, mejor no quiera saberlo, se lo aconsejo —dice en voz baja, mirando de soslayo a las personas que estaban cerca de nosotros.

—¿Por qué? —exclamo yo insistente.

En una mesa cercana a nosotros, un hombre posa su mirada inquisidora en mis ojos, tratando de acceder de algún modo a la conversación.

Se acerca y, extendiendo su mano, saluda a Renate y toma asiento junto a nosotros. Luego de un diálogo sobre cualquier cosa, se despide y ocupa su antiguo lugar, con el disimulado propósito de seguir escuchándonos.

–¿Quién es? –pregunto curioso, pues me resulta, en cierta medida, un personaje extraño y misterioso.

—Hugo Tocker, es un prominente abogado. Uno de nuestros emigrantes. Sus padres murieron víctimas de la Shoá cuando él era apenas un niño. Viajó al Ecuador con su hermana al finalizar la guerra. Se radicó inicialmente en Guayaquil y luego vino a la capital.

–Renate –insisto–, hábleme de los Secretos Protocolos de los Sabios de Sión.

Ella se revuelve nerviosa en su asiento y luego de un silencio prolongado me responde:

–Mire, mejor voy a relatarle el resto de mi historia; creo que se la debo.

El señor Tocker no ha dejado escapar ni una palabra de nuestro diálogo, mirándome sin disimulo.

–¿De veras me la contará? digo yo entusiasmado. Y olvidando de momento el tema anterior, comienzo a cuestionarle: ¿Cómo sobrevivió? ¿Cómo llegó aquí? ¿Cómo fue la posguerra? ¿Por qué…

–Está bien, escuche:

Una fría madrugada de invierno, Vicktor Von Kahr ingresa con sigilo a la habitación signada con el número 20 de una casa del gueto. En ella duermen los famélicos cuerpos, desmadejados de fatiga y hambre, de ocho niñas. Hacinadas en literas que apenas tienen el espacio necesario para albergarlas. Una ola de compasión inunda el alma del joven alemán-judío que, de alguna manera, había logrado colarse entre las sombras para llegar sin ser visto.

Sabe que ese día transportarán, a las cámaras de gas de Auschwitz, a un cargamento de nuevas e inocentes víctimas. ¡Pobres niñas! Tiene trazado un plan para liberarlas de la muerte, aunque en él estaba poniendo en peligro su propia vida. Aunque para ello, había tenido que olvidar los deberes con los suyos. Sacrificando los intereses de su propia familia en beneficio de la familia humana.

Ya lo había hecho tantas veces que no recordaba el número de niños que rescató de las garras de la muerte. Escondiéndolos, transportándolos, sumergiéndolos en pantanos y quebradas. En tenebrosos pasadizos, en casas deshabitadas y consiguiendo para ellos visas falsificadas.

Recorriendo andenes. Llegando hasta los vagones atestados de gente, para rescatar, hasta el último minuto, la mayor cantidad de niños que fuera posible. Cualquier cosa para lograr demorar o burlar la estrategia genocida.

Su nombre alemán le había permitido desempeñar un pequeño papel en esta maquinaria macabra de muerte e iniquidad, sin ser confinado a los guetos. Pero su sangre judía, secreto oculto a los ojos alemanes, se rebelaba ante tanta crueldad y lo enfrentaba, día a día, a ese examen de nobleza de espíritu. A ese dilema trágico de los seres humanos que desean vivir con moral y con fe.

Se arrastra suavemente por el suelo hasta alcanzar con su mano la boca de Renate para imponerle silencio y despertarla. Renate abre los ojos, aterrorizada al sentir que la mano la atenazaba impidiéndole gritar.

—¡Shh! Soy yo, Vicktor, no temas —dice, al tiempo que la libera—. Debes despertarlas con mucho cuidado y salir antes de que amanezca. Voy a llevarlas a un lugar en el cual tal vez pueden salvar sus vidas, pero deben hacer exactamente lo que yo les diga.

Sin lograr aún romper las ataduras del sueño, Renate obedece y salen las ocho formas humanas, arrastrándose por la galería hacia el patio, entre las sombras de la noche y la neblina del frío invierno.

Llegan al camión en el cual Vicktor las esconderá, antes de que amontonen los cadáveres de los que no pudieron resistir el maltrato, la pena y las enfermedades del gueto.

Ellos serán trasladados en un largo viaje hasta los hornos crematorios de Auschwitz para borrar toda evidencia.

Cubrirá a las niñas con lonas y, sobre ellas, los cadáveres, bajo grandes cantidades de pan, como lo hacían regularmente los nazis para disimular y escamotear su macabro cargamento de muerte ante las miradas de la gente de la ciudad. A sus habitantes realmente no les interesa saber si es pan o es muerte lo que trasladan. Tal vez no lo saben, sólo lo intuyen, pero lo callan y lo aceptan… Es eso, o morir.

***

—¿Realmente fue así, Renate? ¿Fue tan aterradora la indiferencia de la gente? ¿Por qué se produjo este silencio de conciencias?

—El silencio es una de las manifestaciones más extrañas de la cultura. Puede molestar, amenazar o simplemente proteger. Pero también puede aprobar, otorgar, asentir, convirtiéndose con ello en cómplice y asesino.

—¡Esto nos hace comprender que la indiferencia es la más cruel y destructiva forma de maldad! —Escuche estas reflexiones de uno de nuestros sobrevivientes:

Lo opuesto al amor no es el odio sino la indiferencia.
Lo opuesto a la fe no es la arrogancia sino la indiferencia.
Lo opuesto a la cultura no es la ignorancia sino la indiferencia.
Lo opuesto al arte no es lo grotesco sino la indiferencia.
Y lo opuesto a la paz es la indiferencia…
A ambas, a la paz y a la guerra.
Indiferencia al hambre y a la persecución, a la humillación, indiferencia a la tortura.

—Sucesos como éste, evidentemente son expulsados de la humana comprensión. Pero sigo sin aceptar que existieron momentos en que esta tragedia no le importó a nadie.

—Sólo a algunos seres heroicos como Vicktor, dice Renate mientras me confiesa la insistencia con que este personaje ha regresado a su vida a través de sus últimos sueños.

—Hay algo en usted, Juan, que irremediablemente me acerca a su recuerdo.

—¿Tal vez el interés con el que he seguido el desenlace de esta historia?

Vicktor había utilizado este método para liberar a tantos niños judíos. Se preguntaba y se preguntaba sin encontrar una respuesta. ¿Por qué lo hacía? ¿Era un designio, un deber o un destino?

Pensaba en su propia muerte y sentía que, posiblemente, esta misión que había venido cumpliendo le permitiría morir libre. Sin lazos físicos ni emocionales, sin culpas propias ni ajenas. Sin arrastrar consigo la crueldad de quienes propician y causan el dolor, el terror y la angustia de los seres humanos, sin llevar al más allá ese estigma de la maldad de otros hombres.

Guardaba muchos poemas y relatos nacidos de sus vivencias. ¡Cuántas veces su mente huía de la razón para dejarse arrastrar por las tibias aguas de la belleza! ¡Cuántos niños le confiaron sus torturantes angustias y soledades a través de pequeñas e inocentes poesías arrancadas del corazón y del dolor!

Las llevaba siempre consigo para leerlas cada vez que sentía flaquear su voluntad o se dejaba ganar finalmente por el temor de perder su propia vida sin alcanzar sus propósitos. Eran su acicate y la fuerza que lo impulsaba a seguir.

Mientras rodaba por la terrosa carretera que llevaba a las pequeñas a la libertad, su mente iba repasando las tiernas poesías infantiles que, en papeles arrugados y sucios, habían llegado a sus manos como regalos de sus niños. Como una ofrenda de valor incalculable.

Sus ojos se nublaban al recordar las poesías de Janka, la hermosa niña de tristes pupilas azules como el cielo, quien puso en sus manos un pequeño papel en el que había vertido su esperanza de vida. Cuando la buscó para agradecerle, supo con inmenso dolor que había sido confinada al campo de exterminio de Auschwitz.

Ella, con su triste muerte, transformó las profundidades de su alma y alteró los engranajes de su espíritu. Despertó su conciencia de ser humano, llevándolo a buscar con fervor un camino de salvación para otros niños del gueto.

Janka, la niña a la que vio un día alimentando a su hermanito menor, que lloraba desconsoladamente, mientras le hablaba y le enjugaba las lágrimas con bromas, besos y sonrisas, como lo haría la más amorosa y tierna de las madres. ¡Nunca lo podría olvidar!

Otras manos infantiles escribían en los muros. Recuerda un día que leyó una poesía, que marcaría su vida para siempre:

"Hoy he visto a la última mariposa del gueto"…

Pensaba que las mariposas representaban para estos pequeños el símbolo de la libertad que les había sido negada. Volar, volar hasta ese querido lugar que, desde hace tiempo atrás, se encontraba a la distancia de una alambrada. Muchos de ellos ignoraban que su vuelo quizás se remontase más allá. Mucho más allá del dolor, del hambre y el frío. Más allá de la soledad y el silencio. Donde brillaría una luz al final del camino.

*****

Capítulo XVII

> **Los epílogos de la historia sólo podrán ser escritos por aquellos que sepan transformar el dolor en poesía. ¿Cómo explicar, sin embargo, esta contraposición entre el dolor y la belleza?**

–¿Cómo puede surgir la poesía en el alma agobiada por la pena y la humillación?

–El hombre está hecho para habitar en este mundo en tanto sea poeta, porque el poeta crea esperanzas y realidades, imprime sentimientos a las cosas, otorga nombres y existencia a lo innombrable o inexistente. Añade ilusión a la vida y genera esperanzas, aún en los rincones donde habita el dolor.

–¿Ha escrito poesía, Renate?

–No, no lo he hecho, no he podido. Me hace falta esa magia del sueño regido por la belleza del Universo. Milagro permanente del poeta. No poseo ese instinto estético de la forma verbal.

–Pero usted tiene la historia de su vida, el dolor, el recuerdo.

–Sin embargo, no es suficiente para escribirlo; es menester manejar códigos de belleza de la expresión.

–Y, ¿cómo explicar esta contraposición entre el dolor y la belleza?

–El Universo, mi querido amigo, se hace posible por la acción de dos fuerzas contrarias: el amor y el odio, la alegría y la tristeza. Su presencia alterna, caracteriza el devenir cósmico. Todos los acontecimientos humanos siguen su marcha en alternativas de pasos gloriosos o de inevitables sucesos trágicos. Pero, luego de cada ciclo, las tinieblas se tornan claridad y la destrucción da origen a un nuevo principio de vida. ¿No lo ha observado?

—Pero pienso en la fórmula correcta para llamar al mundo al recuerdo de estos siniestros sucesos, sin transformar la memoria en obras literarias que disminuyan o minimicen la trágica inmensidad del hecho… ¿cómo podemos hacerlo?

—Transmitir la Shoá supone un riesgo. Tenemos que encontrar el equilibrio que permita transmitir sin horrorizar ni embellecer la historia de estos siniestros acontecimientos.

—Volviendo a sus memorias, Renate, luego de que Vicktor las rescató de esa muerte segura, ¿cómo lograron evadir la vigilancia nazi?

Se amontonaron, como pequeños animales perseguidos y hambrientos, tiritando de frío y terror, en ese lugar que las acogía como la última esperanza de libertad. Apenas alcanzaron a llegar cinco de las ocho niñas, pues en las otras pudo más el miedo. Una a una fueron desertando en el camino y volviendo a encontrarse, de todas maneras, cara a cara con la muerte.

Helga y Emilie tenían las manos engarrotadas y sus labios se iban tornando cada vez más azules, mientras esperaban agazapadas debajo de una gran maleza que las protegía de las miradas de los nazis, mas no del frío y del terror.

Marie, famélica y temblorosa, siente que el temor atenaza con fuerza y hostilidad su corazón que palpita en forma alocada. La respiración se torna irregular e intuye que la vida la abandona.

Sabe que no resistirá y se acomoda en silencio entre las rodillas de sus compañeras. Y, tomada de la mano de Renate, se duerme en el descanso tranquilo de la muerte, como un pequeño pajarillo herido.

El tiempo de esta niña, que fue un ser iluminado al servicio de una misión de eternidad, había traspasado los límites de su existencia terrenal y su espíritu volaba al fin libre de la cárcel material.

Nadie se percata de ello, porque la atención y la angustia están dirigidas únicamente a salvar cada una su propia vida.

Las horas se desgranaban dolorosas, silenciosas e indiferentes. Lentamente amanece el segundo día en este escondite vegetal que, como una manta, había envuelto su esperanza de libertad.

El frío, el terror, el hambre y la sed minaban sus fuerzas, mas debían permanecer inmóviles hasta que Vicktor les diera una señal.

Se encuentran a una pequeña distancia de la cámara de gas de Auschwitz, observando como, día tras día, ingresan a ella, totalmente desnudos, los judíos para su exterminio. No alcanzan a comprender plenamente lo que sucede pero saben que es algo macabro y perverso.

Sólo Renate conoce la aterradora verdad. Dos imágenes, sobreponiéndose una a la otra, le revelan lo siniestro de esa visión.

Se trataba de una maquinaria de extinción y tortura, de dimensiones más grandes y aterradoras que la de aquellos "coches de la muerte" que una noche lóbrega y triste descubrió. Una más de las que Patrick logró destruir en su intento de evitar tanta iniquidad.

Son noches plagadas de llantos, humo y desgarradores alaridos que resuenan en el aire como mil vidrios rotos.

Como mudos testigos de este horror, se ven toneladas de zapatos alineados al borde del camino. Montones de prendas de vestir tapizan el ingreso de ese sendero, silencioso y cómplice, en el que casi se puede palpar el dolor.

Un lugar donde lo inimaginable sucedía a diario; donde la conciencia del hombre y del mundo volaba transformada en cenizas incandescentes, convirtiendo el cielo en un mar de sangre.

¡Tal parece que la muerte hubiese nacido allí!

*****

Capítulo XVIII

Veo que las intenciones van orquestando espontáneamente los sucesos para dar paso a los milagros y a la magia de la vida.

—¡Oh! mire la hora, Juan. Es más allá de media noche —exclama alarmada Renate—. Tendré que suspender este relato porque es muy tarde. Seguramente mi esposo se encuentra preocupado.

—Está bien, lo entiendo, contesto acongojado.

Acompaño a Renate hasta el estacionamiento en donde la espera su chofer para regresarla a casa.

—Gracias por esta hermosa experiencia —digo, mientras sostengo su mano—. ¿Podríamos vernos otra vez? Recuerde que me lo prometió.

—Seguro que sí. Llámeme cuando tenga tiempo. ¿Desea que lo alcance hasta su casa?

—No, gracias, quiero caminar un poco.

Veo perderse el automóvil en medio de la bruma de la media noche y voy repasando en silencio los acontecimientos que conocí a través de los relatos de esta singular mujer.

El camino a casa es largo y difícil. Temo que las ideas y las imágenes se me escapen hasta llegar a ella. Tomo mi bloc de notas y, en una esquina, encuentro un bar. Ingreso y, en forma inconsciente, comienzo a anotar toda la información que aún conservo en la memoria "¡Ella es frágil y rebelde, y seguramente tratará de escapar!" me digo sonriendo.

Tropiezo en la entrada del bar y la gente alza la mirada con una sonrisa: piensan que estoy ebrio. Tomo dos cervezas mientras escribo y salgo aliviado de saber que atrapé las ideas en el papel.

Camino por la calle solitaria, tarareando la canción de aquel niño ciego, que se ha quedado dando vueltas en mi mente. Al doblar la esquina, me percato de que una hermosa mariposa amarilla se ha posado en el hombro de mi gabardina. La tomo suavemente de las alas, mientras ella se mantiene quieta, cual si quisiera permanecer en mis manos. Luego la suelto y desaparece en la oscuridad de la noche.

—"Y esa era la última, última de últimas… ¿Por qué no hay mariposas en el gueto?" recito, recordando el poema de aquel libro. Esta significativa casualidad me conmueve y siento que estoy atrapado entre extrañas fuerzas intuitivas.

De pronto, unos pasos acercándose rompen abruptamente el hilo de las reflexiones. Es un hombre alto y delgado que viene directamente hacia mí. Lo reconozco como uno de los judíos que se encontraban en el café, a poca distancia de la mesa en que Renate y yo conversábamos. Es el señor Tocker. Me saluda con un gesto amable. Se detiene y comienza a dialogar mientras camina junto a mí. En un sesgo de la conversación, aprovecha para auscultarme:

—¿Es amigo de Renate? ¿Qué interés tiene por conocer sobre los Protocolos de los Sabios de Sión?

—Sí, soy su amigo. Soy periodista, pero mi interés es solamente personal, no es profesional.

—Es un tema algo complejo y pocas personas los manejan con precisión. Es más, básicamente es imposible conseguir alguna literatura auténtica al respecto en el mercado. Conozco que algunos escritores argentinos han publicado algo sobre el tema y otros inclusive han creado "nuevos Protocolos" –dice con sorna.

–¿Pero, ¿por qué el misterio?

–Porque este fue precisamente el *misterio* que desató la cruel matanza al pueblo judío… Esta fue la vil patraña que urdieron la religión, la política y la enloquecida ambición de dinero y poder de los alemanes y los países aliados. Su deseo expansionista, o quizás, provino de la policía secreta del Zar. Hay quien dice que fueron notas tomadas de una reunión secreta de un grupo infiltrado de los Iluminati de Baviera, en el Congreso Sionista de Basilea. No se sabe. El temor invadió el corazón de Europa y del mundo.

–¿Temor? –digo yo, mientras reflexiono en silencio que esta palabra ya la había escuchado otra vez como motivo primordial de los sucesos.

Mete la mano en el bolsillo de su gabardina y saca una tarjeta mientras me invita:

–Búsqueme en esta dirección, tal vez pueda ayudarle.

Se aleja deprisa y se pierde a la distancia en medio de la espesa niebla. Yo me quedo dubitativo y ansioso.

Suspiro y vuelvo a consultar mis notas bajo la luz de la luminaria de la esquina de mi casa y digo satisfecho:

–Ahora podré dormir y escribir mañana...

Sin embargo, apenas alcanzo la computadora, se apodera de mí esa fiebre enloquecedora que me obliga a seguir escribiendo la historia de Renate. A seguir sin pensar, sin comer, sin dormir. Aunque colapse el mundo entero, aunque el techo desaparezca de mi cabeza y caiga sobre mí una tempestad.

Pasaron tres días ya. Parecía que la muerte las alcanzaría de todas maneras en esa situación: inmóviles, sin agua, sin comida, casi heladas y rodeadas de los cadáveres de sus compañeras que no lograron resistir. Con los ojos turbios y la mirada perdida, aún tratan de divisar la figura de Vicktor, como última esperanza.

En este día, no ha sucedido nada. Nadie llegó hasta la cámara de gas y parece que los soldados se hubieran retirado de la guardia. Sin embargo, desde la madrugada, pudieron observar que se apresuraban a quemar, esconder y enterrar a medias los cadáveres incinerados, pero la prisa no les permitía concluir su labor, dejando expuestos algunos restos de osamentas y prendas de vestir, junto a la inmensa montaña de zapatos.

Casi entre la nebulosa alcanzan a divisar una figura. Un bulto concentrándose hasta adquirir contornos humanos. Es Vicktor, que camina a hurtadillas acercándose cada vez más.

De pronto, junto a un disparo de fusil, se escucha la imprecación de un soldado como el aullido de un lobo. Se adelanta amenazante, obligándolo a mostrar el cargamento de alimento, agua y vituallas que, posiblemente, quiso hacerles llegar en un último intento de salvar sus vidas.

El soldado lo sacude, lo golpea, lo patea y le exige que le diga para quién son las provisiones. Él repite insistentemente:

-Son para mí, son mías-

Ciego de ira al comprobar que no logrará hacerlo confesar, le dispara varias veces en el pecho. Vicktor cae abatido en el suelo, mientras el asesino corre al llamado de otros. Suben velozmente en un jeep militar y desaparecen cuesta abajo, tras una larga hilera de luces de vehículos que parpadean entre la espesa neblina de la tarde. Y huyen dejando en soledad y silencio el campo de la muerte.

Las niñas están aterrorizadas y se han quedado petrificadas. Sus músculos ya no responden a las órdenes del cerebro.

Vicktor agoniza. Sin embargo, se arrastra con sus últimas fuerzas hacia el lugar que están escondidas. Renate, tras un esfuerzo sobrehumano, se levanta con sus piernas entumecidas, sucias y heridas. Sale del escondite con sus manos abiertas, en señal de querer retener la vida del amigo. Se acerca y lo abraza, mientras él, con su postrer aliento, le dice con voz casi imperceptible:

—¡Huye, Renate, huye, sálvate! Esta guerra no dura más, se acaba. ¡Escóndete!

Ella llora con su cabeza en el regazo y le pide con palabras estranguladas por una súplica:

—¡No te vayas! No nos dejes solas!

La voz de Vicktor aletea como un murciélago en las sombras:

—No las dejaré… Mi misión no ha terminado. Yo volveré… ¡yo volveré! ¡Volveré a buscarte!… ¡Volveré para verte feliz! —dice, esbozando su última sonrisa y fijando su mirada inmóvil en los destellos de las primeras luceros del atardecer.

Un chorro de sangre emerge de su pecho. Renate aprieta su mano con desesperación contra el agujero dejado por los proyectiles para detener la hemorragia; y, al hacerlo, encuentra un papel enrojecido por la sangre del héroe. En el se leían las últimas líneas de un poema:

Pero una mariposa aquí no vi.
Y esa era la última, última de últimas.

Renate, desconsolada, regresa al escondite, en el que ya solamente le espera Ruth. Ahora se percata de la tragedia, del olor a carroña, a defecación y orina. Del dolor de sus compañeras que fueron muriendo, una a una, en los amorosos brazos de los matorrales. De la infinita soledad. Llora desconsolada ante el cuerpo inerte de su amiga Marie.

Resistirás!.. tienes que sobrevivir para contarlo

Desea morir, pero algo muy hondo que no se lo permite. Como si la empujara hacia delante, como si fuera necesario e imprescindible dar un paso más… un paso más. El recuerdo de su padre la acosa y persigue, repitiéndole siempre: ¡Resistirás! Tienes que sobrevivir para contarlo! ¡Resiste, Renate, resiste! ¡Hazlo por tu pueblo judío!

La semipenumbra es surco fértil para el miedo. Lloran sentadas sobre la tierra. Lloran y no saben qué hacer ni hacia dónde ir. Temen salir del lugar que cobijó su desamparo, su hambre, su frío y su pena. ¿A dónde irán? Detrás de aquella cortina de niebla, palpitan el vacío y la soledad. La longitud de un tiempo que se tiende por delante sin respuestas. Sus recuerdos se han borrado para dejarlas frente a una torturante e incierta realidad.

El cuerpo sin vida de Vicktor va quedando atrás lentamente, mientras ellas avanzan hacia la nada.

Renate recuerda como consuelo las enseñanzas de su padre: "Cuando el hombre termina su ciclo terreno, no se apaga la luz de su pensamiento y de su amor, no se detiene el mandato del destino. El alma busca otra envoltura para continuar con su misión cósmica, universal e intemporal." E invoca a Vicktor:

–¡Tienes que volver, volverás, no me dejarás sola. ¡Volverás!

Arrimándose una contra la otra, asidas de las manos, van caminando sobre su propia pesadumbre, casi arrastrando eso, que es lo que apenas les queda de vida. Tomando el camino de los que huyen del pasado para enfrentar una vida cargada de miedos y recuerdos dolorosos. A pesar de que el miedo quedó enterrado por la resignación y la humillación.

Todo va despertando lentamente en cada cosa. Las pequeñas y distantes luces, que se mueven con el atardecer, les dan un sentido desconocido de libertad y, desde el fondo de la neblina, va naciendo algo parecido a la alegría. Algo que quizás las reconcilie, poco a poco, con la atroz pesadilla de la muerte.

Caminan lentamente, sin rumbo fijo. Como pájaros nuevos, sin identidad precisa. Su meta… es el mismo camino. Caía la tarde del 18 de enero de 1945.

*****

Capítulo XIX

Experimento la singular sensación de que el pasado y el presente están sucediendo simultáneamente. Que el tiempo es producto de mi mente.

—¡Cómo! —exclamo sorprendido—. ¿18 de enero?

Ahora me percato recién de que esa es la fecha de mi nacimiento.

—¡Qué extraña coincidencia! —me digo—. ¡Qué extraña! La muerte de Vicktor coincide exactamente con el día de mi nacimiento…35 años después.

Me levanto hasta el calendario que pende de la pared, para consultarlo y estar seguro… ¿seguro de qué?

Miro una nota que he escrito en un papel: "17-18 enero de 1945: Evacuación de Auschwitz por parte de los nazis ante el avance de las tropas aliadas. Comienza la llamada marcha de la muerte para los pocos sobrevivientes".

¡Estoy siendo atrapado por una *visión remota!* Aquella habilidad que mostré desde pequeño para transcender el espacio y la historia. Para acceder a la información inteligente a través de un estado no ordinario de conciencia. Siento mi mente trabajando en diferentes planos de percepción.

—¡El universo es una gran red interconectada de conciencias! —me digo mientras doy vueltas por la habitación, presa de una inexplicable excitación.

En mi interior hay una fuerza extraordinaria que me arrastra hacia otros niveles de comprensión, mientras una voz en mi subconsciente me grita:

—¡Escribe... escribe!

Tomo con desesperación el teléfono:

—¡Renate! ¡Renate! Por favor, por favor, ¡ayúdeme!

—¿Qué le sucede, Juan? Son las tres de la madrugada ¿Le asaltaron? ¿Qué está pasando?

—No, no es nada de eso. Sólo necesito que me lo cuente todo. Tengo que llegar al final de esta historia. ¡Por favor!

—¿Qué clase de obsesión es la suya? —dice disgustada. Se queda un momento en silencio mientras, en el hilo telefónico, sólo se escucha mi agitada respiración. Luego exclama:

—Perdone, me parece que está cayendo en un peligroso exceso; sin embargo, ya no hay mucho que contar. Lo haré...

Yo escribo apresuradamente lo que ella relata para no perder una sola palabra. Mientras experimento la inusual sensación de estar ante la historia de mi propia vida...

Renate y Ruth auscultan tímidamente a su alrededor. Se miran entre sí, dudando. Entonces se atreven a dar unos pasos. Pequeños pasos que las alejan del campo de exterminio para siempre. Ya no escuchan órdenes, ni gritos, ni insultos, ni tienen que agazaparse para evitar golpes o patadas.

La idea de lo que es la libertad comienza a rondar por sus mentes incrédulas, pero ya no alcanzan a captar su dimensión y significado.

Pasan junto a esa indescriptible montaña de zapatos y ropa apiñada y pueden percibir que está aún humeante.

Esa gigantesca planta de matanza está salpicada de cadáveres putrefactos y rodeada por aves carroñeras que se afanan en terminar con su tarea.

Todo es muerte, dolor y silencio a su alrededor. Sin embargo, un sonido leve, como aletear de pájaros enfermos, delata la presencia siniestra de algunos "cadáveres vivientes" con el horror asomado a sus ojos. Los soldados, en su apuro, olvidaron ultimarlos y no son capaces siquiera de arrastrarse fuera del campo de exterminio. La debilidad les impide gritar y apenas emiten unos leves e imperceptibles sollozos. Las garras de la muerte no los alcanzaron.

Renate y Ruth intentan caminar hacia la carretera, en la que se divisa, a la distancia, un grupo de soldados acercándose. Sienten un mudo terror atenazando sus gargantas, pues, para ellas, todos los uniformes son igualmente asesinos. Todos los corazones que se envuelven en ellos son igualmente indolentes, fanáticos y crueles.

Dos oficiales del Ejército Rojo se han apeado de un vehículo blindado, estirando sus piernas al sol y bostezando. Han descubierto entonces a las dos niñas que, tomadas de la mano, intentan avanzar. Algunos soldados vistiendo diferentes uniformes, se acercan también.

De pronto, se detienen abriendo sus ojos desmesuradamente, con una mirada de espanto y pavor.

–¿Qué es eso?

–Son dos pequeñas…

–¡Son dos cadáveres! ¡Son dos esqueletos!

Renate y Ruth tratan inútilmente de sonreírles, pero a fuerza de no hacerlo tanto tiempo, sus músculos faciales han olvidado ese gesto.

Las toman en brazos, con repugnancia,
compasión y vergüenza

Entonces comprenden que los soldados están horrorizados de su aspecto. De sus harapos estrafalarios y sus rostros famélicos —si aún podían llamarse rostros—. De sus miradas opacas y turbias, el repugnante olor, sus heridas purulentas y cabezas rapadas. De sus pies sangrantes, del rictus de dolor…

Por primera vez, Renate intenta con las manos examinar su rostro de profundas ojeras y mejillas sumidas, para reconocerse. Siente su delgadez inconcebible. Su pequeño cuerpo menguado por el hambre, el sufrimiento y el maltrato. Comienza a dudar ella misma si aún está viva al verse reflejada en esas miradas llenas de espanto. Mas, todavía la sangre circula por sus venas y lágrimas ardientes ruedan por su rostro.

Cae de rodillas, ocultando la cara entre sus manos para no leer el horror en la mirada de los soldados y esconder los sentimientos de vergüenza y culpabilidad por estar viva… ¿Por qué ella viva, en lugar de tantos niños sacrificados? ¿Por qué ella y no su padre, su madre? ¿Por qué ella y no la angelical Marie?

Ese sentimiento de culpa no la abandonará jamás a partir de este momento. Comprende la magnitud de su tragedia como sobreviviente del frenesí asesino de los nazis. Sabe que, finalmente, no ha sobrevivido a la muerte sino que ha sido atravesada por ella. Que la ha presenciado, que la ha vivido y de que, de algún modo, ha logrado regresar.

A los ojos aterrorizados de estos hombres, eran apenas un par de aparecidas, que posiblemente no estuvieron en la cámara de gas, pues nadie que allí entró pudo volver para contarlo.

Los soldados no se atreven ni a preguntar por temor a la desazón moral y el horror que las respuestas podían provocarles. Se sumen en un frío silencio, cual si hubiesen caído en el vacío de un hoyo. Lentamente se acercan y las toman en brazos, con repugnancia, compasión y vergüenza, para llevarlas hasta un vehículo.

Las alojaron primero en la granja de unos aldeanos alemanes. Ellos las miraban sin decir ni preguntar nada. ¡Nada! Un gran mutismo… un piadoso y gran mutismo. Una aterradora compasión y una inmensa vergüenza.

Para Renate y Ruth era su primer contacto con civiles en poco más de cuatro años. El idioma se había quedado adormecido en sus gargantas de tanto practicar el silencio. Las condujeron a una habitación, en la que había dos camas, y comenzaron a calentarlas. Afuera, una mezcla de agua y nieve humedecía el paisaje, mientras la noche se obstinaba en esparcir su helado aliento.

Trajeron luego la comida.

Cada cucharada de sopa era para las niñas una inyección de vida. Sin embargo, no podían sentir alegría ni tristeza, porque las emociones necesitan fuerzas y ánimo. ¡Habían perdido hasta la capacidad de sentir!

*****

Capítulo XX

El nazismo se propuso aniquilar todo lo judío: el idioma hebreo fue también la víctima de los enemigos; la memoria, la creación y la fe judías.

−No fueron sólo las personas individualmente las víctimas, mi querido amigo, sino todo un pueblo, porque sus raíces vitales fueron cruelmente cercenadas.

−¿Cuántos judíos fueron exterminados en Europa?

−Un tercio de la población judía de todo el mundo logró sobrevivir. Nueve millones de muertos acechan esta historia, seis millones de ellos eran judíos.

Con ellos habían sido aniquiladas las dos instituciones primarias de la vida de todo pueblo: la familia y la comunidad. Cientos de miles de familias enteras desaparecieron en los países en que la población judía fue exterminada, quedando muy pocas que cuenten con más de dos miembros sobrevivientes de la masacre. Otras comunidades literalmente se esfumaron del universo sin dejar el más leve rastro o indicio de su existencia.

−Soy la única sobreviviente de mi propia familia. Todos murieron, a excepción de la hermana de mi madre que pudo escapar a América durante los primeros indicios de brote genocida.

−¿Y los niños?

−Un millón y medio de bebés y niños judíos fueron asesinados de manera planificada. Terminada la guerra, prácticamente no quedaban niños judíos menores de diez años. ¿Es capaz de visualizar lo que significa un millón y medio de niños Reunidos? ¿Cuántos estadios llenos de ellos se necesitaría para entender la dimensión de esta masacre?

—¿Qué sucede hoy en día con su pueblo?

—El tiempo ha hecho que las heridas cicatricen y sanen. El aumento de la natalidad de los que lograron sobrevivir va llenando los vacíos. Las nuevas generaciones irán recuperando poco a poco lo perdido, pero la importancia que tiene la familia, para un pueblo no arraigado en una tierra, obliga al pueblo judío a reconstruir la memoria. Sin embargo, he visto con tristeza que las nuevas generaciones de judíos sólo desean olvidar y vivir una vida diferente a la que sus padres o abuelos tuvieron.

—Muchas voces se han alzado en el mundo para pedir que algo así no vuelva a suceder jamás. Hasta la Iglesia Católica, que fue la principal cómplice y encubridora de los crímenes ha pedido disculpas a la historia por su indiferencia... que fue más que eso.

—Los sobrevivientes realmente no estamos seguros de haber sobrevivido…

El 6 de mayo de 1945, la Praga ocupada por los alemanes se había sublevado y era redimida. Se liberaba el campo de Theresienstadt o Terezín. Finalmente, los judíos podían volver a habitar su ciudad. Sin embargo, la gente los rechazaba. No existía ya lugar para un judío. No tenían donde trabajar ni vivir. Seguían siendo objeto de discriminación y ataque por parte del mundo de la civilizada Europa del siglo XX.

La gente que se apoderó de los bienes judíos no estaba dispuesta a devolverlos. Por ese motivo, un nuevo número de ellos fue asesinado. Los "herederos" de estos bienes eran feroces defensores de sus nuevas pertenencias adquiridas a través de la ocupación o usurpación. La persecución a los judíos no cesaba.

Renate sabe que debe cuidarse sola sin confiar en otros. La experiencia se lo había enseñado.

Entre los pocos objetos personales que aún conservaba de su pasado, encuentra un pedazo de papel que lleva escrito un número telefónico y la dirección de la hermana de su madre. En 1939, días antes de la ocupación alemana de Praga, logró huir al Ecuador, un pequeño país de América del Sur.

Son tan terribles su desolación, su soledad, su miseria, que piensa que, tal vez, ni ella podría ayudarla a salir de Europa. Los días y las horas de horror, persecución y muerte no se habían borrado de su mente juvenil. Tiene miedo, no quiere hablar. Siente que ninguna fuerza puede ayudarla a huir de sus propios recuerdos. Ya no tiene penas, pero tampoco esperanzas. Y va hundiéndose cada vez más en ese helado silencio que ha marchitado sus flores, opacado su sol y borrado sus sueños.

Le escribe una carta. En ella le cuenta que es la única sobreviviente de toda su familia y que está sola en el mundo, hambrienta, pobre y rechazada. Sin embargo, le asaltan las dudas. ¿Le responderá? ¿Vivirá aún?

Todavía no comprende bien los sucesos que la llevaron a esa indescriptible tragedia vivida. Todavía siente como si el mundo se hubiera retirado de sus pies, para dejarla caer en un profundo e insondable pozo de dolor. La última poesía de su amiga Marie vuelve a resonar en su memoria:

"Desde mañana estaré triste,

desde mañana"

En agosto de 1946, al año de haber finalizado la Segunda Guerra Mundial, Renate viaja rumbo a su nueva vida en América del Sur, a reencontrarse con el único pariente que el exterminio judío le había dejado.

Su padre parece mirarla desde el más allá con una sonrisa de satisfacción.

Él no se equivocó al llamarla Renate, "vuelta a nacer".

Dan vueltas en su mente las imágenes y las últimas palabras de Vicktor:

—No las dejaré… Mi misión no ha terminado. ¡Yo volveré… yo volveré!

¡Volveré a buscarte! ¡Volveré para verte feliz!

Desea desesperadamente llegar y dejarlo todo atrás. No recordarlo jamás, ni contárselo a nadie. Callar… callar… callar y procurar olvidar, aunque la memoria no le permitirá jamás olvidar a Vicktor. Estaría esperando siempre, en el fondo de su corazón, el regreso prometido.

***

Las instrucciones fueron bien claras: debían cruzar las fronteras de Austria, Suiza, Francia y finalmente Italia, en donde un barco esperaría a varios cientos de judíos para transportarlos a América del Sur. Algunos países habían ofrecido abrir sus puertas a los judíos refugiados.

La travesía era aterradora para Renate, pues el antisemitismo en Europa no había decaído. Por el contrario, muchos judíos seguían siendo asesinados y los "progroms" como se denominaban las persecuciones y exterminios menores, continuaban amenazando sus vidas. Cada judío, o familia de judíos, debía tomar una ruta diferente para no despertar ninguna sospecha relativa a su fuga del continente europeo.

Judíos residentes en varios países americanos, que lograron huir antes del fin de la guerra, convencieron al Capitán de un inmenso buque carguero para que transportase a los refugiados hasta costas americanas.

Cada paso por la frontera significaba una agonía por el temor a que se descubriera el pasaporte falsificado que le proporcionaron. Cada logro envolvía a la fuga en una atmósfera de magia milagrosa que la llenaba de entusiasmo y esperanza, para volver a derrumbarse ante la incertidumbre de un nuevo enfrentamiento con las autoridades de migración.

En una naciente noche de verano, Renate y el resto de judíos lograron llegar al barco que los transportaría a su nuevo destino. Uno a uno, como sombras fantasmales, envueltos en los pocos harapos que aún poseían, temerosos y escurridizos, escondiéndose entre la incipiente oscuridad que bañaba el puerto.

El reencontrarse con otras víctimas del genocidio le daba un sentido especial a Renate. Casi como volver a vivir en familia. Cada uno de ellos tenía una historia más cruel que contar, una experiencia más siniestra y un temor más paralizante que recordar.

El buque Ocean zarpó silencioso y envuelto en un aire de clandestinidad desde el puerto de Génova, rumbo a Sudamérica, en un largo y tortuoso viaje.

Un delgado y silencioso joven la miraba insistentemente todo el tiempo, hasta que finalmente se acercó a ella.

—¿Cómo te llamas? —le había preguntado y luego insistió en su afán de acercamiento. ¿Estás sola?

—Creo que en este buque todos estamos solos Otto. Lo hemos perdido todo y a todos los nuestros.

—Tienes razón, le respondió y desde ese momento, se convirtió en su compañía para el resto de la vida.

Acodados en la proa del buque miraban la caída del sol sobre el mar dibujando hilos dorados en medio del verde intenso de las profundidades y las blancas crestas de las olas. Lo hicieron todas las tardes durante los dos meses de la travesía, que sirvió de marco romántico para el nacimiento de un amor profundo y duradero. De pronto, pudieron ver que el sol cambiaba de rumbo y Otto exclamó:

—¿Qué sucede? Algo extraño está ocurriendo porque el buque giró de vuelta al norte.

El Capitán, que estoicamente aceptó la misión de transportarlos, se veía agobiado mientras hablaba por el radio, pidiendo nuevas instrucciones para continuar el viaje.

Renate y Otto permanecían expectantes, mientras el resto de pasajeros continuaba en su rutina sin percatarse de los acontecimientos.

—¡No es posible! —decía el Capitán, indignado—. ¿Quién pudo dar el aviso?

Estamos casi por finalizar el viaje y no podemos volver me haría falta combustible!

-¿Volver? ¡Esa sería una segunda condena de muerte para esta pobre gente! Vociferaba el resto de la tripulación.

Nuevamente vieron cambiar el rumbo del sol, mientras el Capitán daba órdenes de continuar.

—¡No lo voy a permitir! Ellos tienen que llegar a su destino ahora! No pueden ser tan inhumanos. Los millones de judíos asesinados son responsabilidad directa de los países que están ahora cerrando sus puertas a los refugiados, luego de su oferta de acogerlos. ¡No lo entiendo!! —decía fuera de sí.

La noche iba invadiendo con sombras el mar. Todos los pasajeros del barco estaban en la cubierta, temblorosos sin saber de su suerte, cuando pudieron percatarse de que el buque se detenía en medio del silencio y la inmensidad del océano.

Dos días pasaron sin que nadie decidiera sobre el levantamiento de las restricciones de inmigración impuestas por la mayoría de las naciones, a pesar de que muchos de esos perseguidos viajaban amparados por instituciones benéficas que se encargarían de ellos.

Las autoridades no debían hacer nada más que dejarlos bajar; apenas un gesto. Pero no lo hacían ¡Nada! Las excusas eran solamente pretextos disimulados y la liviandad de los rechazos era aterradora. ¡El egoísmo y la indiferencia atrapaban al mundo y precipitaban con ellos más de un destino trágico!

El buque, luego de avanzar hacia una costa no programada en su ruta, permaneció una semana anclado en alta mar en espera de las instrucciones de las autoridades portuarias, mientras sus pasajeros comenzaban a sufrir de sed, hambre y enfermedades.

Una noche, cuando las esperanzas se habían marchado de los corazones y habían tomado la silenciosa y unánime decisión de lanzarse al mar antes que volver a

Europa, un buque comenzó a enviar señales a la distancia, mientras el Capitán reía y alzaba sus brazos en señal de victoria.

Era una embarcación procedente de un pequeño país americano, Ecuador, que venía a rescatar a los judíos para llevarlos a buen puerto. Un país generoso e íntegro que abrió sus fronteras a los refugiados, desafiando al mundo entero, cumpliendo con el compromiso que hiciera ante tribunales mundiales en la posguerra.

A medida que el buque ecuatoriano, con su cargamento de refugiados, traspasaba los espacios marinos para internarse en el grande y caudaloso río Guayas, sobre el cual se asentaba el puerto, veían asombrados encenderse las luces de toda la ciudad en señal de bienvenida; la bandera flameaba en cada ventana. El halo del antiguo faro, encaramado en un cerro cercano, señalaba la ruta acuática por la que el barco hacía su ingreso triunfal.

A pesar de ser más allá de media noche, una gran multitud acudió al atracadero para recibirlos con saludos, aplausos, abrazos, comida y bebida. Los ciudadanos mostraban una desconocida calidad humana y una gran solidaridad hacia los refugiados. Finalmente, pisaban las fronteras de sus sueños, en una tierra libre y generosa llamada América del Sur.

*****

Capítulo XXI

> **Me asaltan dudas y sospechas. De pronto se ha apoderado de mí la idea de que estoy transitando por el rumbo equivocado.**

–¡Vaya! –me digo con emoción–. ¡He terminado! ¡He terminado finalmente!

Pero hay *algo* más atrás de mí que se siente insatisfecho. Hay alguien –que no soy yo– que me grita que no he podido develar aún el gran misterio de los macabros motivos de esta locura que invadió la mente y el corazón de los hombres.

Busco en el bolsillo de mi gabán la tarjeta de aquel hombre que me abordó luego del concierto. Procuro dormir las pocas horas que me quedan para buscarlo al día siguiente.

En mis sueños veo al *alemán*, riéndose de mí a carcajadas

Han pasado dos semanas ya desde mi último encuentro con Renate, sin que ninguno de los dos haya buscado una razón que nos reúna nuevamente. Siento en el fondo de mi pecho un llamado, agitándose sin motivo, que me angustia y reclama su presencia. Sus dulces ojos azules de mirada infantil me persiguen por todas partes, a pesar de que he terminado ya de escribir su historia y me encuentro inmerso en el doloroso proceso de corregir los escritos.

"¿Qué me inquieta?", me pregunto una y otra vez. Trato de encontrar esa capacidad de escapar de lo conocido y lo cotidiano, para navegar en el vasto océano de la conciencia cósmica. De sacudirme de las garras de la racionalidad para alcanzar ese pensamiento mágico que me permita develar los misterios e incógnitas que acosan mi mente. Tengo la sensación de navegar por aguas peligrosas.

He buscado sin descanso, en cuanta librería y biblioteca existe en la ciudad, los Secretos Protocolos de los Sabios de Sión y, cada vez que he preguntado por ellos, diferentes manifestaciones de desconcierto y sorpresa he descubierto en las miradas de los bibliotecarios. Sin embargo, también he podido comprobar el desconocimiento total de la existencia de estos documentos. ¿Es tal vez esto lo que provoca la incertidumbre e inseguridad que experimento? ¿Esa sensación de que la historia de Renate es una obra inacabada?

***

Es un día complicado y de mucho trabajo en el Diario. Una multitud ha tomado las calles de la ciudad, en protesta contra el Gobierno, y grandes ríos desbocados de personas se precipitan indignadas hacia el Casa Presidencial: el Palacio de Carondelet. Me desplazo deprisa para dar alcance al fotógrafo que me acompaña en la cobertura de estos incidentes que pugnan por dar salida a ese perpetuo y reprimido descontento popular.

Tres días han pasado. Los conflictos políticos parecen no hallar solución y la gente se enfrenta en una guerra abierta en las calles. Unos en contra y otros a favor, blandiendo banderas, consignas y canciones de protesta. Los periodistas no hemos detenido ni un minuto nuestro afán de seguir la marcha de los acontecimientos.

Angustiado y semi asfixiado por las bombas lacrimógenas lanzadas por policías y militares para dispersar a los manifestantes, ingreso al zaguán de un edificio colonial de la zona céntrica de la ciudad, ubicado en la Plaza de la Independencia. Me refugio en un oscuro recodo y me sorprendo al encontrar allí al *alemán* que, en un movimiento decidido y brusco, cierra el portón para evitar a la multitud que corre enloquecida.

Toma un paño húmedo y lo aplica en mi boca y nariz, mientras me arrastra hasta una fogata encendida con hojas de diario.

–¡Respire! ¡Respire! –me ordena mientras me acerca al fuego.

Cuando al fin puedo articular palabra le digo:

–Gracias, muchas gracias. Qué casualidad encontrarlo aquí– y luego embromando añado: ¿Rememorando viejas contiendas?

–Soy un experto en bombas de gas mostaza. Recuerde que fuimos los primeros en utilizarlas –asegura con orgullo.

–¿Se ha unido a la protesta tal vez?

–No, no, no es eso. Soy un extranjero y no me asiste ningún derecho para opinar. Es simplemente que en esta casa tengo mi "reducto" – dice con picardía–. Venga, subamos al primer piso.

Ingresamos a un inmenso salón que lucía oscuro y emanaba un olor intenso a humedad, mezclado con el humo proveniente de la calle. Una gran biblioteca, atestada de libros amarillentos por el uso y el paso del tiempo, se levanta en tres de las paredes de la habitación. En el fondo, un escritorio arrimado a la ventana mira directamente hacia la Casa de Gobierno y permite que ingrese la única luz que ilumina el lugar.

–Siéntese, mi amigo, voy a prepararle una taza de café y creo que tendrá que permanecer aquí por algunas horas hasta que las manifestaciones se dispersen y los ánimos se calmen. Sin embargo, desde esta ventana, podrá observar los movimientos importantes que se dan en el interior del Palacio de Carondelet.

—Estratégico lugar —exclamo, mientras reflexiono en esta extraña casualidad y en el objetivo del desconcertante observatorio. ¿Quién era este personaje medio loco, medio misterioso y oscuro? ¿Tal vez un espía nazi de los que, finalizada la Segunda Guerra Mundial, pasaron a engrosar las listas de la CIA?

Según sostienen algunos investigadores, Estados Unidos, Brasil y Argentina se disputaron el triste récord de haber sido el cuartel general del nazismo de posguerra en América. El fin fue el de atraer a funcionarios calificados, científicos, técnicos, ingenieros e incluso algunos cerebros del aparato hitleriano.

—¿Ha logrado encontrar los *famosos* Protocolos? dice con sorna.

—No…en realidad, no he tenido tiempo de buscarlos, miento.

—¿Qué motivo le anima? Usted es periodista, ¿es tal vez algún interés profesional?

—No, no, de ninguna manera, solamente curiosidad. Simple deseo de conocer un poco más sobre estos sucesos que no dejan en claro su trasfondo.

—¡Ajá… ajá! —dice, mientras se acerca a su biblioteca y comienza a rebuscar entre los más antiguos libros que posee—. ¿Sabe que nunca los podrá encontrar? Si apenas existen cien ejemplares en todo el mundo; aquí tal vez habrá uno solo.

—¿Por qué son tan escasos y misteriosos? ¿Qué información tan importante contienen?

—Porque los judíos, con su poder económico y dominio del mundo entero, hicieron desaparecer todas las ediciones y traducciones que existieron, pues ponían de manifiesto su plan macabro de sometimiento del universo. La segunda edición, de Serge Nilus de 1911, fue incinerada por hombres desconocidos dentro del mismo vagón del tren que los transportaba para su distribución. Todas las anteriores ediciones desaparecieron misteriosamente pocos días después de haber sido puestas a la venta. Sin embargo –dice mientras transporta hasta el escritorio un grueso, amarillo y apolillado libro que deposita estruendosamente, levantando todas las partículas de polvo que ha acumulado durante años, ¡aún pervive éste!

Me quedo atónito, mirando ese libro que tantas incógnitas guarda y que, habiéndolo buscado por todas partes sin resultados, estaba allí, ante mis incrédulos ojos.

–Puede comenzar a leerlo para que conozca el verdadero motivo que impulsó a la "solución final judía". Nunca en el mundo se dan situaciones así sin una poderosa razón de por medio –sentencia mientras enciende su cigarro y se ubica en el especial mirador de su ventana–. Tiene suficiente tiempo, pues creo que deberá pernoctar aquí si quiere poner a salvo su integridad.

–¿Quién es Serge Nilus? –pregunto

–Un sabio que en Rusia disfrutaba de una gran reputación de erudito creyente, concienzudo y recto. Tradujo, en 1901, los Protocolos que aparecieron en Londres, a fines del año 1919, pero que, sin embargo, llevaban el sello de ingreso al British Museum fechado en 1905.

–¿Nilus fue católico?

–Sí.

"Es bien sabido que la Iglesia Católica históricamente hizo esfuerzos desmesurados por combatir, a cualquier precio, la aparición en Rusia y el resto del mundo del bolchevismo, así como la expansión del comunismo y la masonería", reflexiono en silencio. También son conocidas todas las maniobras de la Policía Secreta del Zar para evitar el ingreso de otras fuerzas que pusieran en peligro su poder.

–Y, ¿de dónde provienen estos documentos? ¿Qué son?

–Son actas secretas del Congreso Sionista celebrado en Basilea en 1897 que, de algún modo, se filtraron. Fueron apareciendo varias traducciones de ellas. En francés primero; en alemán y ruso, después. Su primera edición apareció en San Petersburgo en 1902, traducida del francés por Serge Nilus bajo el título *El peligro judío*.

–Pero… ¿De qué modo fue posible que se filtraran, siendo secretas?

–Existen varias hipótesis que lo prueban.

–¿Hipótesis?

–En realidad, en la historia hay cosas muy difíciles de probar.

"Así como fáciles de tergiversar", me respondo en silencio.

Me hundo irremediablemente en la lectura de estos insólitos documentos, dialogando de tanto en tanto con el *alemán* para poder entender las extrañas circunstancias que rodearon a su descubrimiento, sus traductores, las editoriales que los publicaron y, en especial, la que interiormente consideraba la fuente de la cual provenían: Monseñor E. Jounin, Protonotario Apostólico, Cura de San Agustín del Monasterio de San Sergio, situado en las cercanías de Moscú. Todos las versiones aparecieron bajo sugestivos nombres relacionados con la llegada del Anticristo y llamados de atención sobre los supuestos peligros judeo-masónicos, el bolchevismo y el comunismo.

Comienza a clarear y me percato de que el *alemán* ha dejado caer sus binoculares con los que observa cuidadosamente los movimientos del Palacio de Gobierno y ha sucumbido a los influjos mágicos del sueño. Yo no puedo salir de mi asombro ante las revelaciones de los secretos Protocolos.

Me acerco sigilosamente a la mesita donde reposa la cafetera con el café humeante. Al tratar de servirlo en una taza, ésta se resbala y, dando contra el piso, despierta al *alemán* que, de un solo brinco, se levanta de la silla y pone su cuerpo en posición de ataque.

–¿Quién anda? –grita asustado.

–Perdone, perdone –digo sonriendo–, no quise despertarlo. Creo que es hora de marcharme. Apenado, cierro el libro y lo guardo en su lugar.

–¿Pudo leer lo suficiente? –pregunta con interés.

–Sí, se lo agradezco de veras, muchas gracias.

–Ahora entenderá cuál fue el poderoso motivo que impulsó a la Nación Germana a tomar la decisión de llevar adelante las acciones de rescate de nuestra patria, nuestra raza aria, nuestra estirpe y nuestra religión. ¿Comprende ahora que el mundo injustamente nos convirtió en culpables por el solo hecho de haber defendido a nuestra nación? ¿Le queda claro amigo?

–¡Por supuesto! ¡Lo tengo absolutamente claro! –exclamo con ardor, ante la sonrisa de satisfacción del *alemán*.

Tomo el camino de regreso a casa, saltando entre fogatas aún humeantes, alambre de púas, neumáticos encendidos, piedras y palos regados por doquier, con el rostro envuelto en un paño húmedo que me proporcionara el *alemán*. Mientras tanto mi conciencia –como un moribundo sin remedio– va debatiéndose entre la vida y la muerte.

Las susurrantes palabras de Renate vuelven a mi memoria:

"Mi querido amigo, mejor no quiera saberlo, se lo aconsejo".

*****

Capítulo XXII

¡Maldito libro que cambió el rumbo de la vida del ser humano y lo arrastró a cometer los más grandes crímenes y atrocidades contra el hombre!

He pasado varios días sumido en la más dolorosa incertidumbre, recordando todas las revelaciones de la lectura de los Protocolos, mientras la ciudad se convierte rápidamente en un campo de batalla.

Yo he desertado de mis deberes de periodista, dedicándole únicamente un artículo relativo a la revuelta, porque mi mente está perdida en un laberinto de ideas e incógnitas. Porque mi conciencia me está haciendo retroceder en mi intento de escribir la historia de Renate. Ya no estoy seguro de estar en el camino de la verdad o en el lado equivocado.

¿Será posible que ese plan diabólico haya sido puesto en marcha por los judíos durante 18 siglos? ¿Cómo es que algo de tanta importancia y trascendencia para su pueblo pudo haber caído en manos enemigas? ¿Cuál fue realmente la fecha de aparición de estos documentos? ¿Su verdadera procedencia y objetivo?

Y, de otro lado, ¿cómo un pueblo, con tal organización, poder estratégico, filosófico, científico, económico y de espionaje —como los descritos en los Protocolos—, pudo no haberse percatado de los planes nazis de exterminio y tomar acciones en su defensa?

Busco angustiado en los bolsillos de mis pantalones la tarjeta del judío que esa noche me invitara a que lo llame para hablar sobre los Protocolos.

—¿Hola?… ¿El señor Tocker?

—Sí, él habla.

—Soy Juan Díaz, amigo de Renate. Usted me ofreció su ayuda para conocer acerca de…

—¡Sí, sí, lo recuerdo! Búsqueme a partir de las veinte horas en la calle… Mire, mejor lo encuentro en el parque el Ejido a las veinte y treinta. ¿De acuerdo?

—De acuerdo —respondo mientras me percato de que el hombre conocía mi lugar de habitación ubicado frente al parque.

-¡Vaya! —reflexiono, ¡veo que me ha estado investigando!

***

Llego puntual y, como era de esperarse, él también.

Subo a su elegante vehículo y tomamos calle arriba de un barrio ubicado detrás de la montaña, llamada el Itchimbía, que separa a la ciudad de un laberinto de callejuelas que suben y bajan, en las cuales regularmente no se asientan casas de vivienda ni oficinas, sino refugios de delincuentes y viciosos. Comienzo a temer por mi vida, pues no imagino que un hombre poderoso y adinerado, como indicaba su apariencia, pudiera habitar en semejante lugar. La mayoría de judíos radicados en el Ecuador poseen un poder económico relevante que les ha permitido manejar la economía general, convirtiéndose en dueños de millonarias empresas, consorcios, cadenas multinacionales y representaciones mundiales.

Llegamos finalmente a una casa grande, enclavada en un paraje solitario en la cima de la montaña, que ostenta un inmenso jardín delantero y una extraordinaria vista de la ciudad. Varios perros de raza dóberman salen a recibirnos. Hace sonar el claxon y un hombre abre la puerta para dar paso al automóvil, mientras sostiene a los perros de sus cadenas.

Ingresamos directamente a lo que él llamó su estudio y advierte a la servidumbre que no nos molesten hasta nueva orden.

Casi sin articular palabra, me guía hasta un lugar que parece ser únicamente una pared. Mueve de izquierda a derecha un cuadro de *Los álamos* de Monet e, instantáneamente, un torno giratorio da paso a una pequeña biblioteca secreta, que se encuentra detrás.

–Tome asiento, por favor, ordena.

Luego comienza a sacar varios volúmenes en diferentes idiomas y se acomoda a mi lado mientras explica:

–Mire, Juan, todos los libros que ve aquí, pertenecen a la –tal vez única– colección existente de las publicaciones realizadas de los llamados *Secretos Protocolos de los Sabios de Sión*.

Va abriendo los libros de uno en uno, mientras lee datos de sus autores y fechas. En hojas sueltas, sus propios comentarios sobre ellos. Algo conocía yo, producto de mi lectura en el estudio del *alemán*, pero aún no podía creer que me encontraba ante esta inusual colección cronológica de los mismos. Gran parte de ellos no poseía nombres de los traductores, ni las casas editoriales. Todos, sin embargo, estaban rodeados, desde su aparición, de insondables misterios.

Sale del estudio diciendo:

–Tómese su tiempo, Juan; cuando haya terminado, simplemente pulse este timbre y estaré con usted otra vez.

–Muchas gracias –respondo, mientras me apresuro a leer un cuadernillo en el que constan fechas, datos y comentarios, realizados por el señor Tocker, que objetan la veracidad de los Protocolos y los califican de documentos apócrifos.

Entre ellas leo:

"En la edición polaca, en el texto ruso y el americano, se aprecia el nombre de Bourgenois, que nos remonta a la primera década del siglo XIX e inicios del siglo XX, fines de la Primera Guerra Mundial, toma del poder de Lenin, aparición del bolchevismo y comunismo en Rusia y expansión de la masonería en Europa Oriental".

Luego de horas de tratar de descifrar varios de los misterios que rodean a los documentos y con la ayuda de las notas del señor Tocker, le agradezco su gentileza y le pido que me acerque hasta un lugar en el cual pueda tomar un taxi de regreso a casa.

—¿Y bien? ¿Ha podido sacar sus propias conclusiones al respecto?

—Por supuesto, señor. ¡No sabe cuán agradecido le estoy por haber podido despejar mis dudas sobre mil cosas que estaban carcomiendo mi alma y mi conciencia!

Me despido y voy directamente al bar cercano a mi departamento para seguir cavilando y escribiendo todo aquello que resultó de la lectura apresurada que hice de los documentos:

"Por fin, en el otoño de 1918, un ruso alemán nos pudo proporcionar los Protocolos tanto tiempo buscados". El editor alemán afirmaba: *"el Gobierno envió un espía al Congreso Sionista en Basilea, lo supimos luego por cierto ruso, quien, granjeándose la confianza de los judíos, fue encargado de llevar las notas de las sesiones a Fráncfort, bien entendido que debían ser secretas y desconocidas por el público".*

Otro editor decía:

"Durante el viaje a Fráncfort, el portador de los manuscritos, acompañado de personal apto, copió durante la noche los documentos".

Serge Nilus describe: *"Los documentos originales fueron robados por cierta mujer, de la Francmasonería francesa, de una asamblea secreta de los iniciados".*

En mis notas había hecho hincapié en las frases utilizadas: "cierto ruso", "personal apto", "una cierta mujer de la francmasonería"

—¡Dios! Éste es un nido de conspiraciones diabólicas —me digo atónito—. ¿Cómo algo así, tan impreciso y dudoso, pudo haber desencadenado esas horribles tragedias?

Llego a mi apartamento, me tiendo en la cama y apago la luz. Comienzo a dar rienda suelta al torrente de preguntas y respuestas que surgen como dedos acusadores en mi conciencia, mientras grito sumido en la desesperación:

—¡Debo encontrar la verdad! ¡Debo encontrarla! No puedo dejarme seducir por el sentimiento, es preciso tener el marco mental correcto. De otro lado, tengo inmensos y poderosas sospechas que alimentan mis dudas sobre los motivos de la Shoá.

Pero, ¿existe una razón suficientemente grande para un extermino de esta naturaleza?

*****

Capítulo XXIII

> "¿Quién después de esta lectura osará negar que los judíos son los enemigos del mundo civilizado?"
>
> *Morning Post*, 19 Julio 1920

El sueño comienza a pesar en mis párpados y me envuelve en sus alas de seda, mientras mi mente sigue aún perdida en el remolino de preguntas sin respuesta.

Veo surgir entre nebulosas al señor Tocker y al mismo tiempo al *alemán*, sumidos en una acalorada discusión. Los sueños son el recurso ulterior de la mente para resolver los problemas que anidan en nuestro interior.

–¡Son documentos de origen apócrifo!

–¡Son planes macabros de los judíos para la conquista del universo!

–¿Quién lo asegura? Estos documentos obedecen a propósitos antisemitas, elaborados y proclamados por la Iglesia Católica, para frenar el avance del bolchevismo y la masonería en Rusia, bajo sugestivos nombres como *La llegada del Anticristo, Los peligros del pueblo judío*…

–Son actas auténticas, robadas en el Congreso Sionista en Basilea.

–El objetivo del Congreso Sionista fue la formación del Estado Judío; de esto hay documentos reales que lo verifican.

–Los judíos provocaron la revolución bolchevique en Rusia.

–Para dar mejores condiciones de vida a la inmensa población judeo-rusa empobrecida por el sistema.

—Era simplemente un medio para llegar a la hegemonía universal que, desde hace tantos miles de años, fue prometida a los judíos por sus profetas.

Doy un salto en la cama y despierto abruptamente con el corazón sacudiéndose en el pecho. Corro hasta la mesita en la que guardo las anotaciones que hiciera en la casa del señor Tocker y leo con angustia las recomendaciones realizadas en la edición alemana de los Protocolos:

"Esperamos que su publicación hará abrir los ojos sobre los peligros de la francmasonería universal y de la judería y nos incitará a tomar medidas definitivas, antes que nuestra patria y la cultura germánica sean completamente aniquiladas. ¡Gentiles preparaos!". ¡La llegada del Anticristo se avecina!

Y algunas citas de periódicos alemanes y rusos previniendo sobre el judaísmo como el mayor enemigo del mundo.

El primer documento que exhiben los Protocolos es el discurso de un gran rabino, pronunciado 17 años antes del Congreso de Basilea, que dice:

"Y entonces cuando nos hayamos hecho los únicos poseedores de todo el oro de la tierra, el verdadero poder pasará a nuestras manos y se cumplirán las promesas que fueron hechas a Abrahán."

"Encontraremos sin dificultad, entre los nuestros, muchos que sean capaces de imitar, con tal elocuencia y zalamería, sentimientos falsos que a los cristianos sinceros lleguen a entusiasmar".

Y finalmente leo la cita de E. Jouin, Protonotario Apostólico, Cura de San Agustín, que suena a una provocación implícita: "El peligro judomasónico es el verdadero nudo gordiano de la situación desesperada que atraviesa el mundo. ¿Quién lo romperá de un sablazo?".

Capítulo XXIV

> **Y el mundo mirará un día a los verdugos trastocarse en víctimas y a las víctimas, en victimarios... ¡Esa es la eterna historia de la humanidad!**

Mis pasos me llevan al bar de la esquina para calmar la agonía que experimenta mi alma ante las dudas que pesan en mi cabeza como un yunque golpeado constantemente por el martillo.

Y miles de preguntas me acosan:

—Si los judíos fueron capaces de concebir semejante plan diabólico contra el mundo, ¿cómo pudieron permitir a extraños tomar notas de sus sesiones secretas?

Si salta a la vista el carácter predictivo de sus manipulaciones siniestras, ¿por qué no pudieron profetizar el Holocausto? La Iglesia, por su lado, durante su historia ha emitido llamados de atención contra todas las religiones, sectas, logias o prácticas que estén alejadas de su sistema y que signifiquen una amenaza a su poder de dominio de la mente y la vida humanas.

Mientras fumo un cigarrillo, tomo el Diario que se encuentra en la barra del bar. Un gran titular de un artículo extranjero llama poderosamente mi atención:

"El monstruo está mutando:

> Pese a que, tras el Holocausto, la humanidad creía que una ideología que promoviese la destrucción del otro ya no tenía futuro, el nazismo con sus diversas máscaras, encuentra seguidores en Europa, Estados Unidos, Rusia y América Latina".

Leo ávidamente los sucesos que, habiéndose aquietado luego de la derrota del nazismo, comenzaron a resurgir a partir de 1960, con la aparición de grupos de ultraderecha que pintaban cruces svásticas en los locales judíos, proferían amenazas de muerte y colocaban artefactos explosivos en los colegios.

En América del Sur, se registraron asesinatos y varios "progroms" cuyas víctimas eran encontradas con una svástica tatuada a fuego sobre el pecho. En actos públicos y distintos teatros, centenares de jóvenes pedían a gritos "hacer jabón con los judíos" y saludaban con el brazo en alto como los soldados de las SS.

Comenzaban a aparecer los primeros *skinheads o* jóvenes de cabezas rapadas. Ex agentes, represores, policías y mano de obra desocupada que fusionaban sus intereses en este movimiento que ponía todo el odio en las mismas acciones: profanaciones de tumbas, golpizas en las calles, amputaciones a judíos, comunistas e inmigrantes. Atentados a embajadas judías y mil crímenes más aún sin esclarecer.

Al mismo tiempo, las reacciones desatadas por la ocupación de la Franja de Gaza y la muerte de inocentes civiles durante las contiendas, provocaban nuevos ataques a judíos en todo el mundo.

–Por un motivo o por otro, se llamen nazis, o como quieran llamarse, aún existen grupos que, a través de sus pensamientos o acciones, manifiestan ese odio activo hacia el otro –reflexiono, angustiado, mientras recuerdo las palabras de Renate, advirtiéndome que la historia se repetirá en círculos, que trastocarán a las víctimas en verdugos y viceversa.

Cada tragedia conlleva una enseñanza, y el Holocausto nos dejó la de aprender a levantar la voz y actuar ante los primeros brotes de discriminación, racismo o autoritarismo.

—¡Ese es nuestro mayor desafío! —exclamo mientras salgo del bar.

En la calle tropiezo con un adolescente, en patines y conectado a su discman, que lleva una camiseta con la imagen de la svástica.

—¿Conoces la historia de este símbolo?

—A decir verdad… no, no lo sé.

—¿Por qué la usas entonces?

—Porque es linda, me gusta y no me importa lo que signifique —me responde mientras se aleja.

—¡Así comenzó todo! ¿Sabías? ¡Así comenzó todo! —le grito para que me escuche a la distancia. ¡No puede ser que en mi país también existan! ¡Asesinos! ¡Así comenzó todo!

—¡Viejo chiflado! —dice riéndose de mí.

Continúo mi camino hasta la cabina telefónica.

—¿Renate? Le habla Juan. Quisiera pasar por su casa para devolverle las fotografías.

—No, Juan, son suyas, ahora no las necesito más. El círculo se cerró y solamente me queda olvidar…

La noche ha caído sobre la ciudad, sobre mi conciencia y mi alma. Miro parpadear, a lo lejos, las pocas luces insomnes que se desgranan rodando desde la montaña, mientras la luna, envuelta en su bufanda de niebla, camina con lento paso de sonámbula entre las mil rutilantes gotas de cristal que titilan en el negro firmamento.

Clamo con angustia que la luz del entendimiento abra las reclusas de mi mente para revelarme ese secreto infinito que envuelve a este suceso.

Invoco a la sabiduría universal mientras me sumo en un profundo silencio espiritual capaz de traspasar todas las fronteras terrenas. La búsqueda de esta verdad me lleva de lo físico a lo místico y alucinatorio y de regreso… Espero el advenimiento del pensamiento mágico y la evolución del conocimiento que me permita llegar a esa verdad final.

*****

Epílogo

La mañana invernal muestra un inusual cielo azul, radiante y esplendoroso. El alma despierta cantando y me levanto de un solo brinco, cual si hubiese permanecido en un prolongado letargo emocional por algunos días.

Me miro al espejo y veo en él a otro hombre, otro rostro, otro brillo en sus ojos. Cruzo el parque feliz y silbando una melodía, mientras observo que el ardiente sol parece teñir de nuevos colores a la naturaleza que me rodea. Me siento más joven y liviano y, al mismo tiempo, más profundo, más humano y compasivo. Ha caído mi coraza y soy más humilde, más libre… ¡Soy yo mismo!

Tomo en mis manos la fotografía, que guardaba celosamente en mi billetera desde hace tantos años, de aquella niña judía que fuera mi primero y tal vez único amor. La miro con devoción y comprendo que su vida tuvo un irrefutable objetivo. Ahora sabía que ella era en realidad *Estela*… mi *Estela*, y que su imperecedero recuerdo me había llevado a escrutar los misterios que ocultan los dolorosos sucesos del Holocausto.

Muchas incógnitas se habían despejado ante esta nueva revelación de mi conciencia: mi tristeza, mi soledad, mi sinrazón de vivir y aquel enfermizo deseo de encontrar las verdades que envuelven a esta historia, que podría ser la suya, la mía, o tal vez, la de toda la humanidad…

Bien lo expresó Renate, el círculo finalmente se había cerrado.

Tomo el trolebús y me encamino hacia el Diario seguro de que me espera un violento reclamo del Director, debido a mi ausencia de tantos días.

–¡Qué importa! –me digo. Siempre habrá un lugar en el mundo para un escritor… ¿Un escritor? –sonrío en silencio mientras repito en un casi murmullo–: ¡Gracias abuela!… ¡Gracias!

Ingreso a la oficina de mi jefe que con mirada serena, me pregunta:

–¿Tiene algo que decirme Juan Díaz?

–Sí, señor. ¡Que soy feliz!

Él se queda perplejo y luego, con una sonrisa, responde:

–¡Diablos! ¡Estos escritores, siempre navegando entre la genialidad y la locura! ¡Avanzando hacia ella sin remedio! Baje a su oficina y firme su ascenso. Desde ahora, tiene un espacio semanal en la página editorial de opinión del Diario. Su magnífica cobertura de la revuelta política lo ha ganado… ¡No usted! ¿Entiende? ¡No usted! Y por favor, la columna el editorial del lunes tiene que demostrar que no estoy equivocado.

–¡Vaya! –me digo sorprendido. ¡Gracias *Estela*!

–¿Qué dijo?

–Nada, señor Director, sólo agradecía.

–Hum, bien digo que son locos… ¡todos son locos!

***

Pulso el timbre del departamento de Renate. Mi corazón palpita acelerado. Ahora estaba seguro de lo que hacía. Mi conciencia lo había decidido. ¡Ese mago buscador que existe dentro de mí había encontrado finalmente la verdad!

–¡Hola!… ¿Usted otra vez?

–Es la última –digo con una sonrisa–. ¡Se lo aseguro!

—¿Por qué la última?

Meto la mano dentro de mi portafolios y saco el cuadernillo de notas donde he escrito todas las memorias y he guardado la colección de fotos que Renate me obsequió. Se lo entrego con una sonrisa.

—¿Qué es esto? —dice con sorpresa.

—Ésta es su historia… y la mía.

—No es posible, apenas hace unos meses que nos conocemos. ¿Cómo pudo?

Se sienta en la silla del recibidor y comienza a leer con avidez. De pronto se detiene:

—¿Cómo se enteró de todo esto? Es algo que sólo yo podía saberlo. ¡Son mis secretos! —dice, mientras sigue pasando las páginas apresuradamente y leyendo algunos renglones.

—¡No! ¡No es posible que usted posea esta información! ¿Dónde la obtuvo? —repite.

—Usted me lo contó.

—¡Eso no es verdad, hay cosas que nunca le dije!

—Me lo dijo entre líneas, Renate. Lo leí en sus ojos y en lo profundo de mi alma.

Toma otra vez el cuadernillo y, más serena, empieza a revisarlo con detenimiento. Yo me mantengo expectante y silencioso. Ella lee por espacio de una hora, mientras voy adivinando en sus expresiones la emoción que experimenta. Lágrimas silenciosas dan vueltas en sus pupilas.

De pronto, su mirada llena mis ojos recorriendo el pequeño camino que va de ellos hasta el corazón y sonríe, diciendo en un casi murmullo:

—Es hermoso… es real… está vivo, latiendo y sangrando. Pero… ¿por qué ese título, Juan?

—Porque el último aletear de esa mariposa atravesó mi alma, ¿sabe? Me ha herido sin remedio y ahora también mi círculo se cerró. Siento que esta fue una misión encomendada por alguna fuerza universal poderosa desde más allá de mi entendimiento terrenal.

—¡Es un libro maravilloso! ¡Gracias! ¡Gracias, Vicktor!

—¿Vicktor? –pregunto, frunciendo el ceño, mientras percibo ecos de eternidad retumbando en mi interior.

—¡Oh! perdone, perdone, me equivoqué de nombre… ¡olvídelo! –dice sonriendo con una mezcla de nostalgia y felicidad. Se acerca y pone un beso en mi mejilla, mientras nos despedimos con un fuerte abrazo y un simple:

—¡Adiós!

A través de la puerta aún entornada, la escucho susurrar una y otra vez con emoción:

—¡Sabía que volverías! Sabía que volverías Vicktor! Me lo prometiste… ¡Sabía que volverías! ¡Sí! Ahora soy feliz, ahora soy feliz!

***

El lazo se había desatado y sentía mi corazón libre para volar hacia nuevos rumbos inspiradores. Libre al fin de las garras de la racionalidad… ¡Ahora podía ser un poeta, era un escritor! Finalmente podía elegir mi propia vida… ¡o mi propia muerte!

La tarde cae, y con ella, una lluvia fresca y copiosa que limpia mi alma de toda duda. Cruzo la calle en medio del tempestuoso aguacero, saltando charcos y riendo a carcajadas.

—¡Lo hice! Lo hice. ¡Lo logré!

Al doblar la esquina está allí *Estela*, esperándome con un nuevo secreto escondido en sus labios. Una nueva tentación. Me susurra una frase al oído:

—*Voces del Paraíso*, ¿te gusta?

Sonrío y exclamo:

—¡Oh! No… no… ¡no! ¡No otra vez!

Nos tomamos de las manos. Acabábamos de jurar nuestro pacto eterno de amor. Una brillante luz parece venir hacia nosotros iluminándolo todo. Corremos calle abajo, en medio de la lluvia platinada por la luna creciente brillando en cada gota. Con nuestras manos enlazadas y ahora finalmente juntos… ¡para siempre!

***

Diario la Verdad

27 de enero de 2005

Noticias del Día:

* El joven y connotado periodista Juan Díaz, de este Diario, fue hallado muerto la madrugada de ayer, en la intersección de la calle *Mariano Echeverría* y *Av. Brasil* de esta ciudad. Se desconocen aún los motivos de su lamentable deceso que enluta a los medios de comunicación escrita.

* Hoy se celebra en el mundo entero el sexagésimo aniversario del fin del Holocausto Judío. La Organización de Naciones Unidas (ONU) declaró el 27 de enero como Día Internacional, en memoria de las víctimas de este trágico suceso.

*El copioso aguacero invernal causó más de un daño en la zona, dejando como saldo varios damnificados y viviendas destruidas.

Otros trabajos realizados por la autora a favor del rescate de las memorias del Holocausto

- **Mayo de 1999**, Producción Ejecutiva de la Ópera Brundibár, el Organillero. **Conservatorio Franz Liszt**. Teatro Nacional de la Casa de la Cultura Ecuatoriana, Quito. Dos funciones, con asistencia de alrededor de cuatro mil personas.

- **Junio de 2003**, Dirección del Taller Juvenil "El Holocausto Judío", promovido por el **Centro Educativo Nuevo Mundo de Guayaquil**, con la participación de los Colegios:
  - Unidad Educativa La Inmaculada
  - Colegio Católico Santiago de las Praderas
  - Instituto Particular Abdón Calderón
  - La Moderna, Sergio Pérez Valdés
  - Colegio María Auxiliadora
  - Logos Academy Campus
  - Fundación Nuevo Mundo
  - Centro Educativo Nuevo Mundo

- **Junio del 2003,** Dirección Ejecutiva y Producción de la Ópera Brundibár el Organillero, bajo el auspicio de la M.I. Municipalidad de Guayaquil, con la participación del Coro de Niños Cantores de Mendoza-Argentina, Coros de la Unidad Educativa Steiner y el Colegio Santiago de las Praderas de Guayaquil, Orquesta Sinfónica de Guayaquil y Orquesta Sinfónica del Municipio de Guayaquil y más de cien técnicos de escenario. Asistencia aproximada de siete mil quinientas personas.

- **Abril del 2005,** Panel denominado "Más Allá del Holocausto", organizado por el **Colegio Experimental Británico Internacional** de Quito, basado en la lectura del borrador del libro *La última mariposa del Gueto*. Asistencia de todo el alumnado, padres de familia, periodistas e invitados.

RESPONSABILIDAD DE LA JUVENTUD DEL PRESENTE, ANTE EL PASADO HISTÓRICO

Los jóvenes representantes de los Colegios participantes en el taller "El Holocausto Judío", del Centro Educativo Nuevo Mundo de Guayaquil.

CONSIDERANDO:

-Que es importante y necesario dar a conocer los hechos que marcaron una transcendencia y múltiples repercusiones en la historia, tales como el Holocausto.

-Que como miembros de una comunidad humanamente responsable, estamos llamados a promover y defender la paz.

-Que como jóvenes debemos ser promotores del mensaje de paz.

-Que como jóvenes nos sentimos profundamente quebrantados por las responsabilidades que sobre nosotros gravitan.

-Que condenamos las masacres y barbaries que ocurrieron durante el Holocausto.

-Que nos sentimos en el deber de velar por la integridad humana para que estos hechos no se repitan.

ACORDAMOS:

-Ser promotores directos de la paz, iniciándolo en nuestra pequeña comunidad para luego difundirla en el mundo entero.

-Ser jóvenes responsables y, más tarde, dirigentes regidos por los principios de equidad, honradez, respeto y tolerancia.

-Comprometernos a ser un ejemplo para ésta y las generaciones venideras.

-No ser indiferentes sino conciliadores en la solución de conflictos, buscando generar una conducta ciudadana basada en la solidaridad y respeto mutuo.

-Luchar contra la manipulación de la sociedad, levantando la voz al primer indicio de abuso, discrimen, racismo o totalitarismo.

-Lograr que la paz no sea sólo una palabra escrita, sino una práctica diaria en la vida de cada uno de nosotros.

Guayaquil, junio de 2003

EXTRACTO DE LA TESIS DE GRADO DE BACHILLER:
EL MÁS PERVERSO CRIMEN DE NIÑOS EN LA HISTORIA

Gia Domínguez Cassinelli, 18 años de edad.

Unidad Educativa Steiner. Guayaquil, Ecuador.

"A pesar de que el espantoso campo de concentración *Terezín* eliminó a casi 15.000 niños, quedó un legado de sus memorias gracias a la compilación, realizada por Hana Volavkova, de las poesías y obras de arte de los niños prisioneros".

"Aunque yo sea suprimida, siempre regresaré a la vida", Franta Bass, una niña del campo de concentración de Terezín.

"De 1.6 millones de niños judíos alemanes y de los países sometidos por los nazis, aproximadamente 1.5 fueron cruelmente asesinados. Sólo 100.000 niños judíos sobrevivieron al exterminio".

"El Holocausto nos dejó como enseñanza que la discriminación, el prejuicio, la indiferencia, arrastran fatales consecuencias para la humanidad".

"La muerte de todos estos seres inocentes dejó un mundo moralmente destruido, una cultura desarraigada y una humanidad sumida en la vergüenza y el desconcierto…"

"La brutalidad, el abuso, la crueldad y la aniquilación o discriminación a cualquier niño en el mundo no debe jamás ser silenciada".

Guayaquil, enero de 2007

LA AUTORA

Sonia Noboa Ribadeneira nace en Guayaquil, Ecuador. Su vocación artística la lleva a incursionar en la música y la pintura, sin dejar de lado su afición por los libros. A temprana edad se obsesiona con la lectura del *Diario de Ana Frank* y de allí parte su interés por conocer los acontecimientos relacionados con la Shoá. Su permanente contacto con jóvenes, dada su función de maestra, le permite realizar varias actividades destinadas al rescate de esta memoria.

En 1999 es Productora Ejecutiva de la Ópera Brundibar, que fuera montada 55 veces en el campo de concentración Terezín cercano a Praga. Esto le lleva a escuchar testimonios de sobrevivientes, entre ellos, el de una niña que cantó en la Ópera y que, en 1945, emigró a Ecuador. En 2003 realiza un nuevo montaje de la Ópera en su ciudad natal y el Taller Juvenil "*El holocausto Judío*" con la participación de varios colegios. En 2005 integra el panel denominado *Más allá del Holocausto* en el Colegio Experimental Británico Internacional.

www.ingramcontent.com/pod-product-compliance
Lightning Source LLC
Chambersburg PA
CBHW071502040426
42444CB00008B/1452